Jörg A. Zimmermann

ENGEL - Deine inneren Heiler

Jörg A. Zimmermann

ENGEL

Deine inneren Heiler

Heilende Bilder für die Seele

SILBERSCHNUR

ISBN: 978-3-89845-230-4

1. Auflage 2008

Gestaltung & Satz: XPresentation, Boppard
Druck: CPI Moravia Books s.r.o., Tschechische Republik

Verlag "Die Silberschnur" GmbH
Steinstraße 1 · D-56593 Güllesheim

www.silberschnur.de
Email: info@silberschnur.de

Inhalt

2. Teil: Sicherheit

3. Teil: Heilung

Einklang

Dieses Buch hat einen doppelten Ansatz: Es ist zum einen für die, die Heilungskräfte in sich spüren und sie einsetzen möchten. Zum anderen richtet es sich an dich, wenn du dir ein leichteres Herz wünschst und mit deinem inneren Heiler in Kontakt kommen möchtest. Ich nenne ihn hier den Engel.

Jeder ernsthafte Heiler gehört auch der zweiten Gruppe an. Wer sich selbst für fertig gesundet hält, kann ein gutes Leben in jedem Beruf haben. Außer als Heiler. Ein Heiler, der sich selbst für fertig gesundet hält, läuft Gefahr, in Hochmut zu verfallen. Schlimmer noch, er könnte seine versteckten Unfertigkeiten seinen Klienten andichten. Schließlich spürt er doch so klar, dass etwas nicht in Ordnung ist...

Als Heiler sind wir immer unfertig, und wir müssen unsere Demut bewahren vor der Komplexität und dem

Wunderschönen, das die Seele ist. Dieser Zauber darf nicht vergehen - wer allein in Kategorien wie Miasmen, Komplexen und Neurosen denkt, aber die Einzigartigkeit seines Klienten vergisst, ist nur noch ein Handwerker. Glaubst du bei deinem Heilungsbemühen noch an Wunder? Nur dann wirst du der großen Seele gerecht, die dir da gegenübersitzt und sich zurzeit dein Patient nennt.

Das ganze Leben pulst von Wahrheit. Wir müssen ungewöhnlich denken, ungewöhnlich fragen und verstehen, vertrauen. Dann tritt Heilung ein - durch das Verstehen.

Mein Wunsch, dieses Buch zu schreiben, begann mit diesem Traum:

> ***Die Wunderheilerin***
> *Ein junges Mädchen ist bekannt dafür, dass sie heilende Hände hat. Sie kann sogar Krebs kurieren. Ich schaue zu, wie sie einen Mann heilt: Sie drückt ihr Kreuz durch, bis sie innerlich ihren Engel berührt, schleust seine Energie durch ihren Körper und heilt somit den Klienten.*
>
> *Als der Mann gegangen ist, frage ich sie, ob sie das Heilen nicht krank mache. Ihr Blick ist ent-*

rückt, und ihre Haut transparent, fast durchsichtig. Sie antwortet mit singender Stimme:

“Oh, ich bin dankbar und transzendent.”

Also schwer krank.

Wenn du das mal gesehen oder selbst erlebt hast, weißt du, wovon dieser Traum handelt. Es ist die “Dankbarkeit”, die eintritt, wenn man schon längst nicht mehr auf der Welt ist. Ihr Körper konnte all die Krankheiten, die sie ihren Patienten abgenommen hat, nicht mehr speichern. Aber sie fühlte sich berufen und konnte darum mit ihrem Tun nicht aufhören. Sie wich aus und wurde wie ein Engel auf Erden.

Aber dafür ist der Mensch nicht gemacht. Diese Art der Transzendenz ist eine Illusion.

Jedoch gibt es heilende Hände, und wir dürfen, unter strengen Auflagen, mit der Kraft der Engel heilen. Das einfache Gebot dabei lautet, nichts von der Krankheit bei sich zu belassen. Die Übung dafür nenne ich das Ausleiten: Während du mit den Energien eines Klienten in Kontakt kommst, hältst du deine Füße flach auf dem Boden und leitest durch sie alle Energien zu Mutter

Erde. Du darfst nichts zurückbehalten, gern aber etwas von deinen eigenen Unreinheiten mit in den Strom geben.

Du darfst ferner nicht aus Mitleid helfen. Und du darfst nicht helfen, wenn der Himmel es dir nicht gestattet. Vor allem aber darfst du niemals etwas Fremdes in dir zurückbehalten.

Als ich aus dem Traum erwachte, tat mir das Mädchen Leid, denn es würde bald sterben. Wer weiß, was aus ihm hätte werden können, hätte es nur die fremden Lasten nicht zurückbehalten?

1. Teil

Freiheit

Es war einmal ein Schmetterling,
der dachte, er wär stark,
ging vor der Zeit aus dem Kokon,
wo er vor Schmerz erstarrt.

Da sitzt er nun, es ist so kalt,
die Flügel nicht zum Fliegen,
denkt bei sich, alles ist vorbei,
doch bleibt noch etwas liegen.

Da kommt der Fuchs, stupst ihn sacht an,
grüßt: »Hey, du dumme Ratte,
du hast geträumt, du wärst so klein,
sieh zu, wie ich da lache.«

So ist die Stärke nur ein Wahn,
doch ganz so auch die Schwäche,
das Leben bricht sich endlos Bahn,
schlag du ihm nur ne Bresche.

Demut vor dem Schicksal

Part 1

Wozu bin ich krank?

Wenn wir auf der Suche nach Heilung sind, haben wir gelernt, nach den Ursachen unserer Krankheit zu fragen. Was hat uns krank gemacht? Wie kam es dazu? Das ist gut und verleiht unserer Suche Ernst.

Dieses Buch handelt vom Himmel und von der Erde. Die meisten von uns haben eine ziemlich detaillierte Vorstellung davon, wie es zu ihrer Krankheit kam, das ist die Erde. Aber der Himmel fragt zudem: wozu?

"Woher" und "wozu" sind die beiden wichtigen Fragen. Hast du sie gelöst, bekommst du die Antwort auf die dritte Frage ("Wie werde ich wieder gesund?") schließlich gratis dazu.

Nun ist es wichtig zu verstehen, dass all die möglichen Antwortebenen gleichermaßen gültig sind. Der eine glaubt an Bakterien als Ursache von Erkrankungen, der andere an Wasseradern. Einer sieht in der Umweltverschmutzung die Ursache seiner Erkrankung, ein anderer darin, dass ihn der Partner verlassen hat. Einer "leidet an sich selbst", der andere "an der Oberflächlichkeit" dieser Welt und nimmt sich davon aus - von dieser Welt, wohlgemerkt, und stellt sich daneben.

Wir sind aber unsere Welt. Die Schauspieler und Akteure darin, von der Mikrobe bis zum Ex-Partner, handeln in unserem Auftrag. Sie, wir führen ein Stück auf, in dem eine Botschaft verdeutlicht wird. Die Seele wird frei weiterzugehen, sobald die Botschaft offenbar wurde.
Sie braucht Akteure für ihr Bühnenstück. Schauen Sie sich einen Kinofilm, an oder lesen Sie einen Roman: Der Autor benutzt *irgendeinen* seiner Akteure dazu, etwas offenbar zu machen, eine Wahrheit ans Licht zu bringen, etwas zu erklären. Der Butler sagt nebenbei: "Nun, Mylady spielt mittwochs immer Bridge." Jemand anderes hätte dem Leser diese Information auch geben können; es ist egal, wer sie ins Spiel bringt. Aber jemand muss es tun, damit der Kommissar eine halbe Geschichte später auf diese Information zurückgreifen kann.

Die Seele braucht Bildhaftigkeit. Sie spricht, denkt und lebt in Bildern. Wir sind spirituell erwachsen, wenn wir das verstehen. Der Ex-Partner zum Beispiel, der so verletzende Dinge sagte, handelte im Auftrag der Seele, etwas offenbar zu machen. Nicht das, was er sagte, war unbedingt die wichtige Wahrheit, aber was er auslöste. Oder die Bakterien, die unser Augenlid aufquellen ließen, so dass wir nicht richtig sehen können und aussehen, als würden wir weinen.

Die Akteure unseres Lebens brauchen ein Gesicht, einen Namen, dann können wir sie in unserer Seele aufstellen - mit- und gegeneinander, in Allianzen, in Gleichgültigkeiten, in Lieben. Jeder Akteur spricht etwas aus, und die Seele will die Botschaft Gottes darin lesen.

Das ist die Suche nach dem Warum. Und je detaillierter, klarer, losgelöster wir die Akteure sehen können, desto leichter fällt es uns, uns selbst, unsere Meinungen und Haltungen in ihnen wieder zu finden. *Wir sind sie*; wir sind die, die uns lieben oder hassen, wir sind die Krankheits- und Wohligkeitsauslöser; was wir sind, hat sie dazu gemacht.

Solange du in einer geteilten Welt lebst - hier bin ich, dort bist du - wird Krankheit, die auf äußeren Ursachen beruht, schwierig zu heilen sein. Betrittst du die integrierte

Welt - ich betrachte meine Welt, die ganze Welt -, wird Heilung einfach.

Heilung ist mehr, als das Verschwinden des Symptoms. Vielleicht verschwindet es nie. Aber dein innerer Sturm, dein Ansturm dagegen, kann sich legen. Das ist mehr, als du am Anfang vielleicht denkst.

Demut vor dem Schicksal

Part 2

Wozu sind wir also krank? Was hast du vor?

In meiner Arbeit mit Klienten und in meiner eigenen Suche als Patient hat mir die folgende Aussage meines Engels neue Welten eröffnet:

> *"Ein Therapeut muss seinen Klienten immer größer sehen als dieser sich selbst. Wie will er ihn sonst heilen können?*
> *Oft sind es die besonders ehrgeizigen Seelen, die mit den großen Vorhaben, die allerlei Krankheiten auf einmal entwickeln. Hilf ihnen Stück für Stück hindurch - aber achte ihre Entscheidung, die Achtung verdient: sich in diesem Leben an etwas Schwierigem zu versuchen."*

Also, was hast du vor?

Die Antwort auf das Wozu liegt nicht in Bakterien, Wasseradern oder Mitmenschen. Sie liegt auch nur sehr selten in unserer Psyche, Kindheit oder den Traumata. Das Woher ist wichtig, aber das Wozu heilt. Wozu benutzt du also deine Krankheit?

Mögliche Antworten:

- Ich habe CFS (chronische Müdigkeit), damit ich meine (wenige verbliebene) Kraft endlich bündele auf die ein, zwei Dinge in meinem Leben, die wirklich wichtig sind. Welche sind das überhaupt?
- Ich habe ein leeres Konto, damit ich ein Gefühl dafür bekomme, wie wichtig Ressourcen sind - und damit ich nicht nur mit meinem Geld, sondern auch mit meiner Seelenkraft sorgsam umgehe.
- Ich habe ein schweres Trauma erlebt, damit ich anderen in ähnlicher Lage später einmal helfen kann.
- Ich habe ein schweres Trauma, das mich aus meinem Körper geschleudert hat, erlebt, damit ich in diesem Leben nicht schon wieder vergesse, nach Gott zu suchen.
- Ich habe Atemwegsprobleme/Liebeskummer/immer solchen Durst (nach Alkohol), fühle mich so leer, so fremd, weil ich mir einst gesagt habe: Ich will nicht

eher ruhen, nicht eher Atem holen, bis ich das Rätsel des Lebens gelöst habe.

Erkennst du die Welt wieder, in die dich das Wozu führt? Es ist eine religiöse Welt, aber mehr noch: eine spirituelle. Die spirituelle Welt kannst du auch betreten, wenn du nicht an Kirche und Gott glaubst. Sie ist keine Frage von Glauben, wie die Welt der Religion. Sie ist sozusagen das nördlichste Land deiner Seelenkarte. Dahinter ist unentdecktes Gebiet. Bewege dich so weit dorthin, wie du kannst - dort kommen die Dinge in Einklang.

Das Woher/Warum hat die Tendenz, dich hilflos oder abhängig zu machen. Wie alle Dinge der Erde gibt es dir Boden, lässt sich aber kaum verändern. Es steht da in seiner schonungslosen Endgültigkeit:

Der Partner ist weg - und kommt auch nicht wieder.
Die Kindheit war traumatisch - und es gibt keine zweite.
Durch Umweltverschmutzung ist die Lunge asthmatisch geworden - das ist nicht rückgängig zu machen.

Wir müssen den göttlichen Zweck, unser Vorhaben als Seele aufdecken. Welches war unser Ziel, das so wertvoll war - so wertvoll ist -, dass wir ein schweres Schicksal dafür in Kauf genommen haben?

Daher: Wozu bist du krank? Was ist dein Zweck?

Schreibe dir diese Frage auf einen Zettel: "Wozu leide ich an? Was ist meine Absicht als Seele?", oder notiere dir eine andere weitreichende persönliche spirituelle Frage. Lege den Zettel in die letzten Seiten dieses Buches, und vergiss vorerst deine Frage. Lass dich nun vom Text in eine neue Betrachtungsweise mitnehmen. Falte deine Flügel auf, und betrachte deine Welt mit dem leichten, erfüllten Herzen deiner Seele.

Wenn du am Ende angelangt bist und deine Frage wieder findest, solltest du die Antwort kennen.

Helfer gibt's genug

Die meisten Leser, die mit schwerem Schicksal besonders, werden dieses Buch auch gekauft haben, um anderen zu helfen. Helfen wollen ist ein grundlegendes Bedürfnis des Menschen und darf scheinbar nicht ignoriert werden. Es spricht für dein warmes Herz. Ich verzichte aber bewusst darauf, es zu glorifizieren, denn wie so oft geschieht diese Hilfe um einen hohen Preis: um den Preis der Seele des Helfers. Teils leidet auch die Seele desjenigen, dem geholfen wird.

Merke: Wenn Hilfe beginnt anzustrengen, bist du im falschen Zug. Dann heißt es, so elegant, so schnell, so übergangslos wie möglich dem, dem du hilfst, seine Eigenverantwortung zurückzugeben und dich selbst frei zu machen.

Ich hatte folgenden Traum:

"Helfer gibt's genug"

Ich möchte helfen, irgendwo meine ehrenamtliche Mitarbeit anbieten. Da erzählt mir der Leiter einer Organisation im Vertrauen:

"Schau, wir haben Helfer genug. Selbst die großen Plantagen in Portugal, die nur von freiwilligen Helfern betrieben werden, das größte Arbeitscamp für Ehrenamtliche auf der Welt, weisen inzwischen Leute ab."

Kürzlich gab es große Zeitungsartikel in der Yellow Press, wie eine Gruppe Pornostars, um ihr Leben zu ändern, zu diesen Plantagen gegangen ist, um dort ein einfaches Leben im Dienst an den Mitmenschen zu führen. Fotos der Busenkönigin in Landfrauenkleidung, wie sie gerade Kohl erntet, fanden ihren Weg um die Welt, und sie machten das Thema Helfen einmal mehr zum Gesprächsstoff.

"Aber in Wahrheit", erklärt mir der Mitarbeiter, "haben selbst die zu viele Leute. Wir haben auch zu viele Spenden. Aber wenn wir das an die große Glocke hängen, kommen wir ins andere Extrem. Darum schweigen wir darüber."

Dies war, inklusive der Helferplantagen in Portugal, wohlgemerkt nur ein Traum von mir gewesen. Sicher freuen sich die Organisationen über jeden Euro, und sicher ist die Not in der Welt, die mit Geld gestillt werden könnte, noch groß.

Aber auf der metaphysischen Ebene, spirituell betrachtet, hatte dieser Traum eine klare Aussage. Diese schrieb ich mir auf und heftete sie für einige Wochen an meinen Kühlschrank:

Es gibt keinen Menschen, dem du helfen musst.

Helfen

Es gibt keinen Menschen, dem du helfen musst. Es gibt Helfer genug.

Aber wohin mit deinem Talent, wohin mit deinem angeborenen Wunsch, andere teilhaben zu lassen?

Diese Frage führt uns wieder zur Kardinalfrage des Heilers zurück: Wozu bin ich krank? Wozu bist du krank?

Gott sendet uns zuweilen Seelen, denen wir helfen können. Eine Faustregel lautet: Wenn es beginnt anzustrengen, ist es wahrscheinlich falsch.

Anstrengend ist zum Beispiel:

- jemandes Last zu tragen,
- jemandes Entscheidungen zu treffen,
- jemanden abzusichern (manchmal),

- jemanden zu etwas zu bringen,
- jemanden zu überreden,
- jemanden durchs Leben zu tragen,
- sich zu opfern,
- ein Opfer zu bringen (außer du opferst schädliche Dinge wie Stolz, Hochmut, Eifersucht),
- der zu sein, der es besser weiß - denn das bedeutet: jemandem seine Verantwortung abzunehmen.

Du kannst dir sicher sein, dass dir diese Art der Hilfe, auch wenn zuweilen sogar erfleht, nicht gedankt werden wird: weder von Gott noch vom Geholfenen. Oft tut der andere dann gemeine Dinge in der unbewussten Absicht, dich von ihm fernzuhalten. Wenn er dabei weiterhin noch um deine Hilfe bittet, entstehen besonders skurrile Situationen, aus denen du dich nur durch eigenen Zorn oder durch die richtige Art zu helfen befreien kannst.

Zorn ist ein Notstromaggregat, das dir in diesem Fall den nötigen Mut zuführt, dich loszureißen. Dabei wird in der Regel viel Porzellan zerschlagen, und zurück bleibt ein schlechtes Gewissen. Dieses Schuldgefühl musst du nicht haben.

Die richtige Art der Hilfe erfordert deine ganze Disziplin. Erst einmal muss es dir möglich sein, angesichts anderer Leute Leiden ruhig zu bleiben. Für sensible Menschen ist das zunächst schwer. Durch die Technik des Ausleitens, die später im Buch erklärt wird, und die an sich schon eine spirituelle Hilfe ist, wird es dir äußerst leicht fallen. Mitleid ist kein Zeichen von Güte. Es ist keine göttliche Eigenschaft, sondern ein Zeichen von Schwäche.

Unser Engel ist ein Gärtner, sein Werkzeug das Leben. Zuerst schneidet er die wilden Triebe weg, dann pflegt er das, was übrig ist. Einige Dinge schaden der Seele sehr und sind trotzdem gesellschaftlich hoch angesehen. Du spürst jedoch, wie sie dich schwächen. Darum müssen sie weg.

Wenn es so ist, dass unser Gegenüber eine große Seele ist, die, um etwas zu erringen, ihr Licht partiell verdunkelt hat, dann müssen wir uns fragen: Was kann ich zu deiner Suche beitragen? Und es macht uns bescheiden. Erlebte Erfahrungen können wir beitragen - dessen bewusst, dass sie möglicherweise nicht zur Frage unseres Gegenübers passen könnten. Ein liebevolles Wort; jedoch keines aus Mitleid, denn das reduziert ihn auf sein Problem.

Eingedenk dessen, dass er einc große Seele ist, der die Lösung von was auch immer in sich trägt, höre ihm bis zum Ende zu. Wesentlichkeit ist der Schlüssel. Versuche, ihm zu folgen. Sei sein Gefährte, während er sein unentdecktes Land erforscht. Man betritt es nur schwer alleine. Die meisten wollen einen Gefährten an ihrer Seite. Höre zu und staune. Ein abschneidendes Wort ist erlaubt, wenn er sich in Nebensächlichkeiten verliert und das Gespräch im Kreis verläuft, anstatt unbekannte Fläche zu betreten. Aber halte dich zurück mit eigenen Assoziationen, eigenen Geschichten und dem Glauben zu wissen, was jetzt kommt. Die Seele ist ein Wunder, die Sehnsucht nach einem guten Zuhörer groß.

Das Nächste ist Achtung. Nichts nutzt weniger als der Satz “Dann musst du halt einfach...” Wenn es einfach wäre und mit einem Standardsatz zu erledigen, wäre es nicht so lange ein wiederkehrendes Problem. Auch die Wirkung von Disziplin und Willenskraft wird häufig überschätzt. Die meisten Ratschläge laufen darauf hinaus, auf einen Topf mit siedendem Wasser den Deckel nur möglichst fest draufzupressen, dann kocht es schon nicht über. Deckel drauf und feste drücken? Das ist die Problembewältigungsmethode, mit der wir es am häufigsten zu tun bekommen. Die “Dann-musst-du-halt-einfach-den-Deckel-fester-zudrücken”-Ratschläge haben viele Hilfesuchende verstummen lassen oder verrückt gemacht. Das Gegenmittel dazu ist Respekt. Dies ist eine große Seele mit einem einzigartigen Schicksal. Wäre es einfach, hätte sie es nicht gewählt. Schau genauer hin. Was wirkt hinter dem, was zu wirken scheint?

Mein Engel schreibt dieses Buch. Ich versuche, ihn adäquat zu übersetzen. Wenn du zu deinem Engel sagst: "Bitte sprich durch mich", was auch impliziert: "Oder schweig durch mich", dann werden dir die richtigen Worte gegeben werden. Und das richtige Zuhören.

Wissen, dass es Sinn hat

Jetzt kommt ein Bild. Dieses Bild ist so gültig wie jedes andere, wie zum Beispiel das, das du gerade hast. Die Seele braucht Bilder, um die Wirklichkeit zu beschreiben und zu erfassen. Ein Bild ist nicht die Wahrheit, aber der Gebrauch von Bildern ist lebensnotwendig. Bilder zu gebrauchen ist eine zutiefst spirituelle Handlung.

Hier also das Bild: Gott erschuf die Seele. Dann die Welt. Die Welt dient der Seele als Ort, an dem sie sich verliert. Sie ist das Rollenspiel auf dem Computer, in dem sie so lange ihren Helden steuert und mit virtuellen Monstern kämpft, virtuelle Schätze erbeutet und simulierte Aufgaben löst, dass sie sich schließlich vergisst. Ganz notwendigerweise (und ganz nach dem Zweck und dem Willen Gottes) wird sie komplett zum Helden. In der wahren Welt steuert sie per Joystick ihren Helden, aber im Denken und Fühlen ist sie er. Das ist Begeisterung.

Schließlich, ganz unabhängig vom Level ihres Helden und von der Anzahl seiner noch ungelösten Aufgaben, erwacht sie aus ihrer Trance. Naturgemäß geschieht das eher, wenn sie ihren Helden in eine lähmend ausweglose Lage manövriert hat, aber es kann auch zu jeder anderen Zeit geschehen. Zum Beispiel, wenn sie Hunger bekommt. Oder einen Kuss.

Der Kuss
Du hast mich gehalten,
ich wusste nichts von dir.
Als ich meine Augen aufschlug,
dich erblickte,
den Himmel in deinen Augen,
das Meer,
die Sterne,
da fühlte ich, ich bin zuhaus.
Doch jetzt bin ich nicht mehr. Warum?

Warum kann ich dich nicht greifen,
wie als es geschah,
warum nicht halten,
besitzen will ich dich,
wenn lieben schon nicht geht.
Ich laufe, schreie, suche dich,
du hast mich geküsst:

Komm zurück!

Ich befehle es.

Du schweigst.

Ich befehle es.
Weine es.

Ich flehe.
Ich erkalte.
Ich vergesse.
Am Ende: Ich vergesse deinen Kuss.

Und heute, wo kein Wind mehr weht,
kein Licht noch leuchtet,
kein Körper mich wärmt –
jetzt, wo mein Zorn kalt,
mein Befehl müde,
meine Hoffnung leer:

Kommst du jetzt? Vielleicht?

Und spüre dich nicht, mein Gott.
Oh mein Gott, ich sage so oft:
oh mein Gott.

Und meine nichts mehr
damit
außer dich.

Dein Flüstern,
leise,
warum fühle ich nichts?
Ich denke nichts, fühle, schlage verwundert
meine Augen noch auf.
Sie waren geschlossen? Oh mein Gott!
Seh dich, dein Gesicht.
Dein Kuss: dauert an.

Es ist der Moment, in dem wir Gott und unsere Wirklichkeit sehen, in dem Sorgen nur noch Aufgaben sind. Die warten können. Die nur das Computerspiel betreffen. Die wir annehmen und lösen oder annehmen und mit ihnen weitermachen können. Die nicht länger gewaltig und wichtig sind. Ohne Macht jetzt, reduziert auf ihre eigene, geringere Wirklichkeit.
Dieser Moment kann jederzeit geschehen. Er ist vergänglich wie ein Flügelschlag. Fliegst du wie ein Vogel, reiht sich ein Flügelschlag an den nächsten, und etwas trägt dich sicher. Dies ist das spirituelle Fundament der Heilung, und es ist das spirituelle Fundament des Helfens.

Demut vor der Welt

Die einen glauben, die spirituelle Welt sei Quatsch. Sie ist kein Quatsch; dieser Glaube macht krank. Die anderen glauben, um in der jenseitigen Welt leben zu können, müssten sie der diesseitigen, der Erde, in gewisser Weise entsagen. Dieser Glaube kann auch krank machen. Gott hat die Erde nicht ohne Grund geschaffen. Gott hält sie und uns auf ihr, in ihr, und es ist der Einklang von Himmel und Erde, der uns, die wir von beidem sind, gesund, fähig und mächtig macht. Mächtig genug, um zu lieben und zu verstehen. Das sollte unser Anliegen sein.

Es gibt Dinge, die unsere Macht schwinden lassen:

- Illusionen
- Hochmut
- Sorgen, die aufs Herz drücken
- Weltflucht

- Verleugnung unserer Träume
- Nichterfüllung unserer Bestimmung, daher auch:
- der falsche Beruf
- Drogengebrauch, ganz besonders Drogengebrauch
- Verachtung von Geld; denn Geld, mit guter Arbeit verdient und gut überlegt ausgegeben, bedeutet Freiheit
- eine bestimmte Art von Zweifel, die uns uns im Kreis drehen lässt (es gibt auch guten Zweifel: der, der Illusionen auflöst)
- der Irrglaube, nicht geliebt zu sein

Wir sind eingebettet in Liebe. Jeder Versuch, dem Leben Liebe oder Geborgenheit zu entreißen, zum Beispiel durch eine bestimmte ungute Art von Eifersucht, durch Missbrauch von Drogen oder durch emotionales Erpressen, muss scheitern. Gerade im verzweifeltsten Verlangen nach Liebe fällt es schwer loszulassen. Der Königsweg ist die Erkenntnis: Wo immer wir gehen, sind wir in Liebe gehüllt. Wenn eine Therapie nichts anderes vermittelt als das, dann ist es schon genug. Die Wärme, die du erkennst und die schon immer da war, löst deinen zu festen Griff, und Liebe aller Art strömt in dich ein. Dann hast du Frieden.

Schwere Schicksale und ihre Heilung

Manches Schicksal wiegt so schwer, ist so dicht und dunkel und sein Schmerz lastet schon so lange auf dir, dass du dich für unheilbar hältst. Wem ein Kind gestorben ist oder wessen Kindheit durch Gewalt und Misshandlung gestohlen worden ist, fühlt eine Ungeborgenheit, die nicht in Worte gefasst und nicht weggetröstet werden kann. Das Leid ist abgrundtief, und je nach Veranlagung macht es dich wütend, depressiv oder innerlich tot. Dabei brennt das Licht des Lebens weiterhin in dir, aber nur du kannst es sehen, und auch nur manchmal.

Aufgrund der Wut und des angestauten Hasses, der sich auf niemand Bestimmten mehr richtet, ist es schwer, dieses Thema zu besprechen. Aber der Zorn darf nicht verleugnet werden, sein Feuer hilft später bei der Heilung. Das Wichtigste, was ein Mensch mit diesem Schicksal braucht, ist ein zuverlässiger Freund. Willst du so einer sein, gelten folgende Regeln:

- Geduld
- keine Richtung vorgeben
- Achtung
- dich selbst achten und schützen
- Leid und Mitleid ausleiten

Den meisten Freunden, die so ein Mensch haben mochte, wurden von der Macht der Trauer die Füße weggerissen, und sie konnten nicht bei ihm bleiben und nicht helfen.

Ihre Ausweichbewegungen sind:

- gute Ratschläge
- Ablenkung
- Wut
- Sprachlosigkeit
- Trösten
- stilles Fortbleiben

Somit ist es das Erste für den Helfer, ein Fels in der Brandung zu werden, und das geht durch Achtung und Ausleiten. Die Achtung vor der tapferen Seele, die etwas

Großartiges erringen muss und dafür Drastisches in Kauf nimmt, und das Ausleiten, das später erklärt wird und das das Herzstück allen Helfens bildet.

Wenn du selbst nun unter dieser schweren Dunkelheit leidest, führt dein Weg nicht so sehr über das gern propagierte "immer noch das Lichtlein in der Dunkelheit sehen", obwohl auch dies, richtig angewendet, hilft. Es ist jedoch zur Floskel und zur Trostformel verkommen und richtet daher mehr Schaden als Nutzen an. Trost bedeutet nämlich: Einem edlen Pferd, dessen Huf im Schlamm feststeckt, bringe ich eine Schale Wasser und eine Karotte. Trost macht abhängig und verleugnet die Größe der Seele. Manchmal tut er gut; viel öfter aber verletzt er und erregt Zorn im Opfer des Trostes.

Wie kriegt das Pferd seinen Huf wieder frei? Nachdem das gelöst ist, ist es wieder stark und selbstbestimmt. Es galoppiert aus der dunklen Zone, die unheilbar finster ist, heraus. Das ist im Übrigen kein Verdrängen oder Verleugnen, sondern sein Gegenteil.

Konkret bedeutet dies: Finde das Wozu. Dann fällt es dir leicht, die Wahrheit anzunehmen. Nimm deine Vergangenheit vollständig an in dem Wissen darum, dass sie dich in eine größere Wahrheit führt, die lichter ist und dich wieder in Geborgenheit, in tiefere Geborgenheit setzt, als du sie zuvor jemals hättest erreichen können.

Gefühle sind flüchtig, sie können weichen. Gerade wenn sie wie festgebacken erscheinen, werden sie sich lösen. Aber die meisten Menschen hüten ihren Schmerz wie ihren Augapfel. Sie glauben, sie leisten damit einen Dienst.

Vielleicht wartest du unbewusst mit deinem eigenen Glück, bis auch die anderen ihr Glück gefunden haben. Oder du könntest versuchen, einem geliebten Verstorbenen durch anhaltende Trauer Treue zu zeigen. Du magst begründen, du möchtest "nie vergessen", als könntest du das je; aber niemandem, ob lebend oder tot, hilft dein Martyrium. Es drückt alle zu Boden. Hier zwei Beispiele für die Denkweise, die dich freisetzen kann. Ich wähle beispielhaft zwei schwere Schicksalsschläge:

Selbstmord eines Nahestehenden, beispielsweise eines Kindes

Sieh auf dein Kind. Sieh auf dich. Vergiss jeden Trost, jede Beschwichtigung. Aber wisse, dass ihr in der Hand eines liebenden Gottes seid.

Akzeptiere seine Entscheidung. Dein Kind war nie dein, es ist eine Seele, die auf sich genommen hat, was zu viel für sie wurde. Es war ein Versuch, und die Seele ist gescheitert. (Sie bekommt neue Chancen.) Dein Schmerz über diesen brutalen Verlust wird nie vergehen. Aber nimm ihn trotzdem an. Spüre ihn. Angenommener Schmerz wird nicht mehr als Schmerz gespürt, sondern wie eine zusätzliche Dimension der Seele. Er macht dich groß, erwachsen. Nicht auf die oberflächliche Weise groß wie einer, der nichts mehr fühlt, alle anderen verachtet und sein Leben nur noch von außen sieht; sondern tatsächlich erwachsen im Angesicht Gottes. Das macht der Schmerz mit dir.

Dann schau auf dein Kind. Sag ihm: Ich habe so gelitten. Ich leide noch. Aber ich akzeptiere deine Entscheidung. Ich lasse dich gehen.

Nach einer angemessenen Trauerzeit lass wieder das Leben in dein Heim. Häng Bilder von ihm ab, wo es zu viele sind. Behalte ein Bild von ihm an der Wand, denn es bleibt in deinem Herzen. Dein Kind wirkt als gute Kraft in dir fort. Damit bist du Licht und Halt für die um dich herum.

Akzeptiere deine Trauer, wenn sie immer wieder kommt. Aber lass das Leben wieder ein.

Nun das Spirituelle. Wenn du weißt wozu, oder wenn du es ahnst, begib dich spirituell auf die Suche und erfahre, dass der Mensch niemals stirbt. Er lebt nicht nur im Herzen oder in der Erinnerung weiter, sondern tatsächlich in der spirituellen Welt. In der Meditation kannst du dein Kind besuchen und mit ihm sprechen. Du kannst ihm von deiner Trauer und von deiner Liebe berichten. Aber halte es nicht fest. Dein fortgesetzter Kummer ehrt es nicht, sondern fesselt es. Ihm zu Ehren versuche, nach und nach deinen Kummer durch Weisheit und deine Schwere im Herzen durch Dienst am Mitmenschen zu ersetzen.

Eine gute Lektüre über das Weiterleben nach dem Tod sind Michael Newtons Bücher "Die Reisen der Seelen" und "Abenteuer der Seelen". Es gibt noch hundert andere; aber gib dich nicht mit denen zufrieden, die Trost spenden im Sinne von "es ist nicht ganz so schlimm" oder gar "andere haben es noch schwerer". Es ist schlimm, und es wiegt schwer. Und es ist lichtvoll zugleich. Ein schweres Schicksal wehrt sich dagegen, relativ und klein gemacht zu werden. Es muss in seiner vollen Macht wirken dürfen.

Wo es dich im Herzen ganz leer gemacht hat, da flutet es dich nun. Schicksal ist eine gute Kraft, und die Toten sind nicht tot. Dass sie woanders sind, erfordert Akzeptanz. Dass sie da sind, wo wir schließlich auch hingehen, bringt uns Demut. Bert Hellingers Lösungssatz in vielen seiner Therapien lautet: "Ich bleibe noch ein Weilchen, dann komme ich auch." Die "Familienaufstellung nach Bert Hellinger" ist übrigens eine sehr wirksame Therapieform und kann dich und alle Beteiligten, einschließlich die Toten, wieder ins Licht setzen.

Links und rechts und geradezu vor deinen von Tränen verschlossenen Augen ist Sinn und Tiefe und Geborgenheit.

Ein anderer Lösungsweg ist nötig, wenn ein Elternteil gestorben ist, während du noch klein warst. Meist wird er schmerzlich vermisst. So sehr, dass der Schmerz ins Unterbewusstsein abgedrängt und bagatellisiert wird. Ein Stiefvater oder eine Stiefmutter ist zwar eine Stütze, aber das Kind spürt dennoch, dass "etwas" fehlt. Natürlich ist auch dies kein göttlicher Irrtum in deinem Leben, sondern dient einem Zweck. Aber der Lösungsweg hier wäre, es zu beweinen und dann zu akzeptieren.

Einmal sagte eine Frau über ihren früh verstorbenen Vater im Hass: "Der hat sich davongemacht." Diese Wut lenkt vom Schmerz ab, das ist der Existenzzweck: So kann man sich um die Trauer drücken. Aber über die Jahre wird der Preis der Wut zu hoch. Meist zerstört diese Verdrängung eine Beziehung nach der anderen, weil die Frau unruhig ist, ungeborgen, unstet. Weil sie ihren Vater nicht richtig sieht, was ja zuerst geschehen muss, nimmt sie ihren Mann auch nicht richtig wahr. Der hat das Gefühl, viele Streitereien seien aus der Luft gegriffen. Es stimmt auch: Er ist nicht wirklich gemeint.

Da der Vater ja die erste große Liebe des Mädchens und die Mutter die erste große Liebe des Jungen ist, prägt sich hier vieles, was im späteren Leben in den tatsächlichen Paarbeziehungen weiterwirkt. Wer sich auf die Suche nach einer glücklichen Beziehung macht, kommt ein gutes Stück weit, wenn er seine Ansichten über seine Eltern und seine Kindheit zurechtrückt und heilt. Gegebenenfalls beweint und akzeptiert man es, wenn es schlimm war.

Es ist vor allem die Verleugnung, das heißt die Verleugnung über viele Jahre, die Schmerzen und Probleme chronisch werden lässt - denn an die Wurzel lässt du ja niemanden heran. Deshalb ist das richtige Erzählen und das richtige Zuhören auch so heilsam. Sprichst du über die wirklichen Ursachen deines Schmerzes, soweit sie dir bewusst sind, dann kommt Luft an sie, und deine Seele kann alles ganz natürlich ausheilen lassen.

Die Problematik beim Tod eines Partners ist oft noch eine andere: Wenn der Partner stirbt, trauern wir um ihn und um uns. Wir sind nun allein. Manche Ehepartner gehen nie wieder eine Beziehung ein, aus Treue. Diese Treue zum verstorbenen Partner ist lieb, wirkt aber schlimm.

Der Verstorbene ist in einer leichteren, helleren Welt. Wie eifersüchtig er auch immer gewesen sein mag, wenn er es war - in der Welt der Seelen, in der er jetzt lebt und arbeitet, gibt es keine egoistischen Motive. Er möchte, dass es dir gut geht, und sich nach einer Trauerzeit neu zu binden, gehört dazu.

Manche zeigen diese Treue auch Gott gegenüber. Sie verzichten auf etwas Gutes, opfern etwas, das ihnen lieb ist, um Gott zu ehren. Stell dir vor, du hast ein Kind, das du über alles liebst. Du wünschst ihm nur das Beste. Nun opfert es seinen Lieblingsteddy, zerschneidet ihn und reicht dir die Überreste. "Das hab ich mir angetan, um dir meine Liebe zu zeigen", sagt es vielleicht. Seine Augen strahlen einerseits und schauen traurig andererseits. So würde es dir das Herz brechen, wie es auch Gott weh tut, wenn du für ihn auf Liebe, Glück oder Erfüllung verzichtest.

Das größte Geschenk an Gott besteht darin, dass du dein Leben reich und voll lebst, deine Bestimmung verwirklichst, deine Talente einsetzt und so oft es geht, wirkliche Freude in deinen Augen hast, sie vor der Wirklichkeit nicht verschließt. Aber auch die Liebe und Geborgenheit, in die er dich bettet, solltest du annehmen können. Ein angemessenes Opfer an Gott kann darin bestehen, dass du auf lebensfeindliche Dinge verzichtest, zum Beispiel: Existenzangst, Vergeltung, Richten über das Denken und Tun anderer, Selbstkritik.

Vergewaltigung, Kindesmisshandlung

Beim sexuellen Akt, insbesondere beim ersten, verschmilzt etwas zwischen den beiden Beteiligten. Man kann auch sagen, etwas geht auf den jeweils anderen über. Insofern ist der, der ein kleines Mädchen missbraucht hat, in der Lebensgeschichte der später erwachsenen Frau ihr erster sexueller Kontakt. Kinder nehmen das viel intensiver wahr, so dass wahrscheinlich schon ein begehrliches Anfassen dazugehören kann. Immer wenn das Kind spürt: Hier bin nicht ich gemeint; hier tut der Erwachsene etwas mit mir, was in die Erwachsenenwelt gehört - etwas sexuell Begehrliches -, dann entsteht ein Bindungsproblem aufgrund einer tiefen Störung des Geborgenheitsempfindens. Die heile Welt bekommt einen Riss.

Innerhalb der Familie - beim Vater oder für die Mutter - macht das Kind aus Liebe trotzdem mit. Es entsteht ein Konflikt zwischen eigenem Bedürfnis nach kindlicher

Geborgenheit und dem Wunsch, dem geliebten Menschen das zu geben, was er aus seiner Sicht braucht. Der Mutter Entlastung von den sexuellen Forderungen des Vaters; dem Vater die Ehefrau zu ersetzen, die sich ihm verweigert. Aus Liebe opfert das Kind seine grundlegendsten Bedürfnisse nach Kind-sein-Dürfen und verliert einen Teil seiner Seele.

Dieser Seelenteil, der mehr als jeder andere Glück, Freude und den Glanz dieser Welt wahrnehmen kann, geht ins Exil. An seine Stelle tritt das Opfer. Die Welt wird dunkler und ernst.

Tatsächlich müsste der Vergewaltiger in die Reihe der Männer, die die Frau hatte, eingereiht werden. Wenn es der erste Mann war, wiegt er besonders schwer in der Lebensgeschichte.

Es geht hier um die Geschichtsschreibung deines Lebens. Gerade was nicht erwähnt wird, wirkt weiter. Darum sollten alle Geschehnisse ihren Platz erhalten. Das stärkt die guten und entmachtet die schlechten.

Das ist der allererste Schritt zur Heilung: den Hass aufgeben. Ein merkwürdiges Phänomen findet sich nämlich in vielen Fallbeispielen: Die Frau fühlt sich ihrem Vergewaltiger auf irgendeine Weise auch verbunden. Dies gibt es auch in Berichten von Entführten und aus Kriegsberichten. Als würde eine schicksalsschwere Stunde die Beteiligten, ungeachtet ob Freund oder Feind, zusammenschweißen. Eine andere Erklärung ist die oben genannte: etwas von der Seele des einen geht beim sexuellen Akt auf den anderen über. Beim Kind schon beim sexuell motivierten Anfassen, beim Erwachsenen durch den Akt oder die Demütigung.

Dieses "Übergehen" wirkt beim Erwachsenen tatsächlich ebenfalls schon bei der ersten Anzüglichkeit. Aber je erfahrener du im Leben wirst, desto stärker wird dein seelisches Immunsystem, und es schickt das Unerwünschte postwendend wieder zurück. Dem Kind jedoch prägt es sich auf. Das erwachsene Immunsystem kapituliert erst bei starken Angriffen, also wenn tatsächlich eine Vergewaltigung versucht wird, dann bleibt auch hier der Eindruck als Prägung zurück.

Der erste Schritt ist, nicht weiter zu hassen.

Der zweite ist die Selbstliebe. Eine vergewaltigte Frau erzählte mit größtem Selbsthass davon, dass ein Teil von ihr sogar Lust empfand. Dies ist normal; der Körper ist eine Maschine, die auf Knopfdruck funktioniert.

Es legitimiert in keiner Weise den Täter, denn er hat einem Menschen ein schweres Trauma zugefügt; und es reduziert auch nicht die Schwere deines Schicksals. Wenn du eines von beidem wahrnimmst - eine merkwürdige Verbundenheit mit dem Mann; oder dass neben dem Schmerz auch Lust bestand -, dann akzeptiere es als das, was es ist: ein psychologischer Automatismus, der dein Schicksal keineswegs mindert.

Sprechen ist der dritte Schritt zum Heilwerden, und Wissen, dass du wieder ganz werden kannst, der vierte.

Ein guter Gesprächspartner hört dir hauptsächlich zu. Er weiß und respektiert, dass der Mensch, dass du, aus 100 widerstreitenden Gefühlen besteht. Er verbündet sich nicht mit dir gegen den Täter, sondern verbündet sich mit deinem Engel für deinen Frieden. Er verzichtet auf Empörung und Entrüstung, stattdessen horcht er und fühlt. Und er leitet den Schmerz aus und behält nichts zurück. Sein einziges Ziel ist, dass deine Seele heil und vollständig wird.

Schweigen ist der ewige Dorn im Herzen. Wenn du aus Scham schweigst und zu vergessen versuchst, bleibst du unvollständig. Da diese Welt in Gottes Hand liegt, und nichts ein Fehler oder Ausrutscher ist, kannst du das im

Schlimmen Begonnene im Guten zu Ende bringen. Als wärst du ein Tänzer, der aus dem Takt geraten ist, führst du die unterbrochene Bewegung zu Ende – egal, wie viele Jahre vergangen sind –, so dass du die nächste Figur wieder mit Anmut tanzen kannst.

Wisse, dass es eine Lösung gibt. Und dass sie einfach ist. Dass sie in deiner Seele liegt, ganz nah, und dass du von Gott dafür geschaffen bist, sie und vieles andere, das du begehrst, zu erreichen. Leicht und anmutig darfst du dein Leben nehmen und wieder beginnen zu tanzen. Das Gefühl, alles wäre aus, ist nur eine Illusion, es ist ein dunkles Stück Weg, über dem eine schwarze Wolke schwebt. Geh hindurch, und direkt hinter dem Schatten der Wolke siehst du dich wieder ganz. Dein Seelenteil, das ins Exil ausgewichene innere Kind, kehrt wieder zurück und macht dein Leben reich und voll. Es ist einfach, wenn du liebst.

Ich empfehle dir noch ein Buch: Sandra Ingermann, "Auf der Suche nach der verlorenen Seele".

Und wenn du dies als jemand liest, der helfen möchte, mach dir bewusst: Hier wirkt Hass und Abwehr am stärksten. Die Seele des Misshandelten kann die Lösung greifen. Aber der Helfer hat es schwer. Sei ein guter Zuhörer, eine treue Begleiterin. Aber verlange nichts, und hab Geduld. Gerade hier möchte die Seele nicht die vermeintliche Lösung vorgekaut bekommen, noch will sie zu ihr gedrängt werden. Wer solch ein Schicksal gewählt hat, ist zwangsläufig stark, auch wenn er daran zerbricht. Unterstütze den Menschen auch nicht in Selbsthass und Zorn, sondern achte seinen Engel.

So triffst du deinen Schutzengel

Es ist einfach, mit deinem Engel Kontakt aufzunehmen. Leider, vielleicht gerade weil es keinen Wochenendkurs füllt, wird es nirgendwo erklärt.

Beginne einfach ein Gespräch mit ihm. Dazu willst du vielleicht zuerst wissen, wer dein Engel ist, was er macht und tut, wofür er da ist und wie er aussieht. Das kannst du ihn in einer langweiligen Stunde alles selbst fragen. Auch wirst du wissen wollen, ob er real ist. Geh davon aus. Und so beginnst du dein Gespräch.

Wenn du allein im Auto sitzt, stelle dir vor, er (oder sie) sitzt auf dem Beifahrersitz. Fährst du im Bus, stelle ihn dir auf dem Platz neben dir vor. Gehst du spazieren, ist er an deiner Seite, oder sitzt du mit Freunden zusammen, ist er rechts hinter deiner Schulter. Egal wie, er ist da. Und du beginnst ihn zu fragen:

Lieber Engel - gibt es dich?

... wie du dir vorstellen kannst, ja.

Warum hab ich dich nie gesehen?

... du siehst mich doch jetzt.

Wie kann ich an dich glauben?

... frag mich was anderes. Frag mich nach deinem Problem mit Monika.

Wie lös ich das mit ihr? Sie ist mir so böse?

... Schau mal, die Wurzel des ganzen Problems ist euer Hang, die Realität nicht richtig zu sehen. Ihr glaubt, ihr hättet einander verletzt. Scham, Schmerz und Schuld lösen einander in fliegendem Wechsel ab. Dabei war es eure Seele, die den Streit provoziert hat; denn jeder von euch braucht ein wenig mehr Raum zur eigenen Entfaltung. Du hast es dir schon immer gewünscht, und sie hat es sich schon immer gewünscht, aber - gib es zu -, du hast es aus Mitleid und Furcht, sie zu verletzen, nie eingefordert. Sie ebenso, wenn es ihr auch weniger bewusst war als dir. Also, was tust du? Du schweigst ein wenig. Lässt auch sie schweigen. Heilung tritt ein, wenn ihr beide wieder freie Zeit für euch habt, sie für ihre Kinder, du für deine kreativen Ideen. Kannst du das annehmen?

So spricht ein Engel, und er hat eine enorme Geduld. Er hat ja nichts anderes zu tun, als dich zu unterrichten. Beginn einfach, und frage ihm Löcher in den leuchtenden Bauch. Höre zu. Gib dir am Anfang die Antworten selbst, wenn du nichts "hörst". Er spricht übrigens in deiner Stimme, in deinem Kopf. Er gibt telepathische Signale, und du entschlüsselst sie in deiner Sprache, in deinem Tonfall. Darum sind wir hier ziemlich nah am Selbstgespräch. Aber dies ist eine theoretische Betrachtung; das wirkliche Gespräch ist einfach.

Du weißt, dass es dir gelungen ist, wenn dein Engel Gedanken ausspricht, auf die du allein nie gekommen wärst. Nicht weil sie so klug, sondern weil sie so gütig sind; nicht wegen Intelligenz, sondern wegen Inspiration. Dein Engel lehrt dein Herz zu fliegen - und schau, es ist so einfach.

Mehr hierzu findest du in meinem Buch "So treffen Sie Ihren Schutzengel".

Engelabenteuer und Seelenheilung

Da war es mein Engel eines Tages Leid, dass ich ihm dumme Fragen stellte, und er nahm die Sache selbst in die Hand. Während einer langweiligen Familienfeier ging ich in den Garten, schloss meine Augen, und mein Engel bereitete mir ein Abenteuer. Mein allgegenwärtiges Diktiergerät wurde Zeuge, und so weiß ich noch die Details.

Eine Anmerkung ist für einige Wenige noch notwendig: Wenn du allein bist, kannst du laut mit deinem Engel sprechen; im Bus oder auf der Straße empfiehlt sich ein Gespräch in Gedanken; im Bus tue ich so, als dämmere ich vor mich hin und verzichte auch darauf, meine Lippen zu bewegen. Auch wenn die Gesellschaft, in der wir leben, recht anständig verrückt ist, tut es weh, in ihr als Spinner zu gelten.

* * *

Was heilt Depressionen? –
Eine Entdeckungsreise mit meinem Engel

Ich stehe am Meer, als ein riesiges Piratenschiff mit schwarzen Segeln auf mich zufährt. Im Krähennest sitzt mein Schutzengel und grinst mich an. Das Schiff fährt allein, ohne Besatzung, und mit einem lässigen Wink aus dem Handgelenk beamt er mich auf Deck. "Das Thema lautet Depressionen", sagt er. "Lass uns eine Reise unternehmen."

Wir segeln über den Atlantik in die Neue Welt. Wie Kolumbus zu seiner Zeit werden wir von Einheimischen empfangen, die sich verbeugen und Geschenke darbringen. Mein innerer Lehrer verbeugt sich ebenfalls sehr tief und gibt mir das Zeichen, dies auch zu tun. "Hätten die Europäer damals Respekt gezeigt, wäre die Menschheitsgeschichte anders verlaufen", sagt er mir.

Wir gehen ins Landesinnere. Hier in den Bergen steigen wir in einen tiefen Krater. Im leichten spirituellen Körper schweben wir sanft hinab und werden berührt von hervorschießenden Flammen und züngelnden Feuern, die eine enorme Hitze und einen riesigen Druck auf alles

Physische verursachen. An den Wänden leuchten wie in alten Abenteuerfilmen die Edelsteine in allen Farben. Hauptsächlich grüne. Die Reise in die Tiefe der Erde scheint ein Symbol für Leben zu sein.

"Die Hitze und der Druck formen das Gute im Menschen. Diese Edelsteine sind das, was entstehen soll. Was ihr Depressionen nennt, ist das Ergebnis falsch abgelassenen Drucks. Lerne, den Druck, der sich in deinem Inneren aufbaut, zu regeln, und die Illusion der Depression wird aufhören zu sein."

"Wenn das einer liest", sage ich zum Meister, "wird er nicht erfreut sein, dass du seine große Krankheit als Illusion bezeichnest."

"Du weißt, dass ihr Menschen an euren Schmerzen hängt, weil sie euch davor bewahren, das große Unfassbare zu sehen. Ihr glaubt, ihr wärt sicher und euch könne nichts passieren, solange ihr euch hinter diesen Phantomen versteckt. Und selbstverständlich wird der Mensch wütend, wenn man sie als das bezeichnet, was sie sind: Ausflüchte." Er führt eine galante Geste aus. "Aber dies nutzt dem Menschen nichts, der sich davon befreien möchte - also lass uns weiter machen und herausfinden, auf welchem Weg das wirklich Wichtige angenommen und die schmerzhafte Gegenbewegung überflüssig werden kann.

Wie ich dir gesagt habe, sind Depressionen die Folge falsch abgelassenen Drucks. Warum lässt der menschliche Organismus, die menschliche Komplexität, überhaupt den Druck entweichen? Zwei Gründe gibt es hierfür, wovon der zweite der weitaus häufigste ist.

Erstens, der Druck wird zu groß, das bedeutet im Umkehrschluss, dass der Mensch nicht stark genug ist. Dies kann durch spirituelle Übung behoben werden. Denn die Fähigkeit des Menschen, innere Stabilität zu entwickeln, ist unbegrenzt.

Zweitens, der Mensch *misstraut* dem Druck. Nicht aus Unwissenheit, sondern weil er ganz genau weiß, was darin geboren wird. Und hier sind wir wieder bei derselben Aussage: Du hast Angst vor deiner eigenen Größe.

Wege, angestauten Druck abzulassen, sind:

1. Aggression
2. (häufiger) Autoaggression
3. Infiltration
4. Zersetzung.

Die Taktik, angestauten Druck, der eigentlich zur Schaffung von Edelsteinen gedacht ist, in aggressivem, kämpferischem Verhalten abzubauen, ist unter den ungesunden Möglichkeiten wahrscheinlich noch die gesündeste.

Autoaggression ist auch klar: Krankheit, Selbstmitleid, Depression, Selbstentwürdigung, Selbstkritik, Konzentration auf seine Probleme, Konzentration auf die Probleme der Welt, Sich-im-Kreis-Drehen um die Themen Schmerz, Leid, Probleme.

Infiltration ist die Taktik, diese Kraft wie in einer Flasche mit Kohlensäure gleichmäßig zu verteilen und sie somit zu schwächen. Die Folge ist, dass jeder deiner Handlungen eine Art zwingenden Nachgeschmack bekommt, der für die anderen Beteiligten irgendwie magisch und dadurch je nach Temperament abstoßend oder geheimnisvoll und anziehend wirkt. Das mag dem Ego schmeicheln, ist aber nichtsdestoweniger eine schädliche Verschwendung spiritueller Kraft.

Viertens: Zersetzung, das ist die Technik für suchende, passi-ve, ängstliche, sehnsuchtsvolle, nicht-initiative Menschen: Wie sich Fleisch in einem Glas Cola angeblich über Nacht auflösen soll, so zersetzt dieser Mensch sowohl in sich selbst als auch in seiner Umgebung hauptsächlich alle Initiativkraft und alle Initiativen mit einer unsagbaren Geschicklichkeit und mit lähmender Endgültigkeit. Gerade diesen Menschen ist von außen nicht zu helfen, denn begibst du dich in ihren Einflussbereich, werden deine guten Vorsätze und deine Willenskraft genauso zersetzt wie zuvor schon die persönlichen Willenskräfte dieses Menschen gleichgeschaltet wurden. Du darfst nicht vergessen, dass du es hier mit dem Gebrauch unendlicher göttlicher Macht zu tun hast; kein Gutmensch kommt dagegen an. Denn der Gutmensch benutzt nur seine eigene Kraft und sein eigenes Verständnis von Gott und der Welt, während der Zersetzer an stärkere Energiequellen angeschlossen ist. Ein depressiver Mensch, insbesondere einer der vierten Gruppe, der ja scheinbar schwach, aber in Wirklichkeit unsagbar machtvoll ist, kann sich nur am eigenen Schopf aus dem Sumpf herausziehen."

Wir lassen uns wieder vom Piratenschiff unter schwarzen Segeln tragen. Der Meister in seiner üblich entspannten Haltung im Krähennest, ich selbst voller Erwartung vorne am Bug. Wir verlassen das Gewässer der Erde und segeln auf einen Samtteppich von Sternen: das Weltall.

"Hier ist die große Barriere", ruft der Meister vom Krähennest zu mir herunter. Und spricht leiser wieder in meinem Verstand: “Bekannt aus Star Trek. Alles diesseits der Grenze ist vertraut, wenn auch schmerzlich vertraut. Alles jenseits der Grenze wirkt verlockend. Die Grenze selbst ist undurchdringlich. Außer du schaffst es, über Wochen hinweg nicht zu atmen. Das ist natürlich rein bildlich gemeint und beschreibt sehr gut den Weg eines Menschen, der sich am eigenen Schopf aus der Depression herausziehen möchte. Er muss über Wochen all den heimeligen, schmerzlich-warmen, wärmenden, depressiven Einflüssen in seinem Leben Lebewohl sagen und hat nichts, womit er sie ersetzen kann. Er ist jetzt nicht nur ungeborgen, sondern völlig leer. Erst nach langer Zeit, wenn er schon längst aufgegeben hat, füllt sich seine Leere, die er gelernt hat zu akzeptieren.

Diesen Schritt wagen die Wenigsten und wenn, kehren sie meistens sofort wieder um. Alles, was dein Schutzengel tun kann, ist dir zu versichern, dass hinter dieser Leere etwas liegt. Kein Mensch auf der physischen Welt würde, vor die Wahl gestellt, ein finsteres Gefängnis dem Exil in einem fernen weiten Land vorziehen. In emotionaler Hinsicht tun das jedoch die meisten. Das Exil ist eine weite, weiße Zwischenwelt, die vielleicht kalt und ungemütlich wirkt. Das Gefängnis ist die vertraute Depression, und das ferne Land ist der Ort, an dem du ganz neu anfangen kannst und an dem ungeahnte Schicksale auf dich warten.

Ich gebe dir eine Übung", sagt der Meister und schaut über die große Distanz direkt durch meine Augen in mein Herz. Es berührt mich tief. "Mache sie wirklich", sagt er eindringlich. "Denke", sagt er. "Denke an den Anlass deiner letzten großen Depression zurück. Was war es?"

Ich schließe die Augen und sehe die Szene, wie ich mit 16 Jahren auf dem Fußboden liege und nicht fähig bin, mich zu bewegen oder auch nur meinen Kopf zu drehen. Der Schmerz der Welt lastet schwer auf mir. Umweltzerstörung und Hunger in der Dritten Welt drücken mich buchstäblich zu Boden. Dies war freilich nicht mein letzter depressiver Anfall, aber einer der schwersten.

Mein Lehrer nickt. "Nun schäle diese Erfahrung wie eine Zwiebel. Die erste Lage ist:

Identifikation / Projektion.
Das klingt etwas klinisch, soll dir aber zeigen, dass du Abstand - wie beim Sterilisieren eines Skalpells - halten musst. Du hast dich mit fremden Problemen identifiziert, du hast einen Mantel angezogen, der dir nicht gehört, der dir nicht passt, der dich klein macht und der

dich einengt. Das Problem des Hungers in der Dritten Welt ist einerseits ein politisches, andererseits aber eine millionenfache individuelle spirituelle Frage. Du könntest sie auch als einen Test bezeichnen. Die Seelen, welche Menschen bewohnen, die hungern, werden vom Leben gefragt: Wie gut hast du dich eingesetzt, um deine Familie zu ernähren?

(Schreib das lieber nicht in ein Buch)", zwinkert er mir zu. "Denn wie viele Menschen verstehen dies falsch und fassen es als einen Affront gegen ihre politischen Ideale auf. Das ist es aber nicht. Selbstverständlich muss die Politik der reichen Länder das Ihrige tun. Am Ende aber ist die individuelle einzigartige Situation, in der jeder Mensch, jede Seele, die den Menschen bewohnt, sich befindet, eine spirituelle Chance. Eine Chance zum Wachstum. Wer dies nicht verstehen will, wird auch seine Depressionen nicht wirklich heilen wollen.

Die Fragestellung ist hier: Liebe oder Macht? Und das auf einem sehr subtilen Niveau. Sie lautet, einfacher ausgedrückt: Demut vor Gott oder scheinbare Allmacht des Menschen? Denn der Mensch kann im Angesicht des Schicksals nur wenig tun, noch weniger aber kann er etwas bewirken.

Du lagst ja damals am Boden, und dein ganzes Herzblut floss in das Leid der Welt. Damit war dein Lebensgefühl: Ich bin stark - ihr seid schwach. Ich leide, weil ihr leidet. Stell dir jetzt die fünf Milliarden Menschen und die ungezählten Billionen Tiere und Pflanzen allein auf diesem Planten vor und verstehe nun, dass jedes dieser Wesen im innersten Kern von einer allmächtigen Seele bewohnt ist. Begegne dieser Seele in der spirituellen Welt, und du wirst von ihrem Strahlen geblendet sein.

Jede Seele in jeder Pflanze ist weit mächtiger als du in dem Komplex, den du 'Ich, der Mensch' nennst, bist. Ihr, die Seelen, seid ungleich mächtiger als das, was sich im menschlichen oder tierischen Bewusstsein zeigt. Und ich sage dir noch etwas: Mit einem Fingerschnippen könntet ihr - als Seele - alles Leid, das euch plagt, beenden."

"Können wir auch das Leid beenden, das andere plagt?", frage ich. Der Lehrer schaut mich an: "Geh rüber ins Café zu den zwei Schachspielern und frag den einen, was ihm Sorgen macht. Er wird dir vielleicht sagen: 'Mmh, die schwarze Dame bedroht meinen Springer, und ich würde gerne die Rochade ausführen, die jetzt angemessen wäre, aber der gegnerische Turm bedroht das Feld neben dem König. Eine böse Situation - und verzwickt!' Dann sagst du den beiden: 'Ach ihr armen Buben! Packt doch eure Steine ein und vertragt euch wieder. Gebt euch die Hände, und das Problem ist beseitigt.'

Ja, es wäre beseitigt, aber schau in das Gesicht der beiden Schachspieler, die du so bemitleidest. Genau dieses Gesicht würden andere Menschen ziehen, denen du ihr Problem lösen möchtest. Du bist nicht willkommen. Und ein Retter der Welt ist im göttlichen Plan nicht vorgesehen. Jedenfalls nicht auf diese Weise. Die beiden Männer *wollen* Schach spielen. Leidende Menschen *wollen* leiden. Bist du ein leidender Mensch, kannst du das Spiel beenden."

(Gemeint ist, indem man auf Gott schaut und seine Probleme beiseitelegt. Dies ist eine subtile Handlung, die nur mit klarem Geist ausgeführt werden kann. Selbstmord ist ausdrücklich **nicht** gemeint, ein Selbstmord steigert nur die Verwicklungen ins Unermessliche, denn der Mensch lebt ja nach seinem Ende fort.)

"Bist du ein leidender Mensch, kannst du das Spiel beenden. Aber warte nicht darauf, dass andere mit dir in die Freiheit gehen. Es ist ein einsamer Weg durch die große Barriere. Du gehst ihn allein, du hast niemanden außer mir und Gott, du tust niemandem Gutes, du bist - vorerst einmal - für niemanden da. Warst du vorher ein Gutmensch, so bist du nun einfach nur ein Suchender. Scheinbar nutzlos für die Welt. Wer möchte schon Suchender sein? Die meisten wollen Helfer sein. Oder Macher. Oder irgendeines dieser starken Attribute.

Dies war nun die erste Zwiebelschicht. Die erste Schicht der Zwiebel lautete:

Die Unmöglichkeit, anderen zu helfen, und der Versuch, es trotzdem zu tun.

Begib dich nun wieder zurück, und besuche dich in der Vergangenheit, wie du da am Boden liegst. Nimm nun diese Last von deinen Schultern, von den Schultern deines jüngeren Ichs. Zieh ihm den Mantel aus, der ihm zu eng geworden ist. Du bist nun nicht mehr verantwortlich für die Gefühle der anderen Menschen. Rückwirkend hast du dich selbst davon befreit. Siehst du, wie du aufstehen kannst? Aber dein Blick ist immer noch auf den Boden geheftet."

Ich erlebe, wozu der Meister mich anleitet. Ich spüre: Die große Last ist von meinen Schultern verschwunden. Es fühlt sich eigenartig hohl und leer an. "Wenn so die Freiheit schmeckt, will ich sie nicht", denke ich unvermittelt, aber sofort reiße ich mich zusammen. Es ist diese merkwürdige ... distanzierte Entschlossenheit, die mich weitermachen lässt. Eine Entschlossenheit, die eigentlich nur auf dem Prinzip gründet, dass ich das zu Ende bringen möchte, was ich angefangen habe. Ich sehe, wie dieser 16-jährige Junge, der ich war, sich nun aufrichten kann. Seine Wirbel knacken leicht, als sie in die aufrechte Haltung zurückkehren, und das ganze Bild vermittelt eine Atmosphäre der Entspannung. Noch immer leuchtet kein Licht; nun, genauer gesagt leuchtet da lediglich ein matter, dämmriger Schein zu meinen Füßen - dies ist die einzige Lichtquelle, die ich in diesem Alter, in dieser Situation, kenne. Ich verstehe: Dieses matte, schmutzige Licht ist so trüb wegen meines Selbstmitleids.

“Richtig”, wirft der Meister ein. Noch immer lungert er in der veränderten Wirklichkeit im Krähennest. Er hat meine Reise verfolgt und holt mich jetzt ins Piratenschiff zurück. Während die Arme bis zu den Achseln über der Korbwand baumeln und seine Stiefel über der anderen Seite des Korbes hervorschauen, kommuniziert er mit Worten, die trotz des stürmischen Wetters, das mittlerweile aufgezogen ist, klar zu verstehen sind:

“Die nächste Schicht deiner Zwiebel ist nach dem Hochmut des Helfers das Selbstmitleid des Machtlosen. Das ist ein klarer Fall: Nachdem du siehst, dass du nicht helfen kannst, tust du dir Leid. So wechselst du immer hin und her: Um dich von deinem Leid freizukaufen, gehst du hinaus und möchtest andere von ihrem Leid befreien. Das wirft dich wieder auf dich selbst zurück, sobald du erkennst, dass deine Hilfe nicht gewollt wird. Selbst jene, die dir dafür danken, distanzieren sich später von dir, denn Hilfe macht uns immer schwach. Es gibt nur eine Form von Hilfe, die alle stärkt und uns Freunde bleiben lässt. Zu ihr komme ich später.

Zunächst musst du wissen, dass eine Zwiebel ihre Schalen von innen nach außen bildet. Das heißt, zuerst war dein Leid, dann dein Selbstmitleid da. Erst die letzte Schale ist der Gutmensch, das verzweifelte Helfenwollen. Selbstmitleid ist eine Form, in der die Seele ihre Einzigartigkeit ausdrückt.

Wie ich eingangs erwähnte, ist Depression eine fehlgeleitete göttliche Energie. Es ist die Aufgabe der Seele, sich selbst als einzigartig wahrzunehmen. Ist ihr der gesunde Weg versperrt, drückt sie sich auf eine melancholische Weise aus: 'Kann mich niemand verstehen, bin ich allein. Ich muss folglich allein zurechtkommen. Ich bin genial (das ist der Übergang zu deinem Helfer- Syndrom). Ich bin nichts wert (der selbsttätige Ausgleich zum vorherigen Satz). Ich werde meine Ziele nicht erreichen, denn ich bin zu besonders.'

Du weißt natürlich, dass die Antwort darauf lautet: Jeder Mensch ist einzigartig und kann in all seiner Tiefe nur von den Engeln verstanden werden. Dass die Seele dies spürt, liegt in ihrem feinen Wesen. Allein die Schlussfolgerung daraus ist falsch. Aber dies einem depressiven Menschen zu sagen, nützt gar nichts. Es nutzt auch nichts, wenn er es sich selbst sagt. Denn Worte können nur begrenzt die mächtigen Energieflüsse umleiten, die durch den Menschen pulsieren. All dies innere Verständnis, das ich dir jetzt zu vermitteln versuche, bleibt theoretisch. Ein guter Heiler könnte allein mit den Bewegungen seiner Hände die Energieflüsse gerade richten, welche auf Abwege geraten sind.

Dazu muss der Mensch im eigentlichen Kern, also du selbst, die Seele, bereit sein. Der Gang durch das leere Nichts bleibt ihm nicht erspart. Auch muss er nun dem ungeheuren Druck Widerstand leisten können, der sich erneut in ihm aufbaut. Denn es läuft ja wieder darauf hinaus, dass dieser Druck den Zweck hat, in deinem Inneren Edelsteine zu erschaffen: Juwelen, durch die du eines Tages im Angesicht Gottes leuchten wirst; Juwelen auch, durch die Gott zu den Menschen in deinem Leben leuchten wird. Sie machen dich zum wirklichen Helfer, zum Kanal, durch den Heilung und Größeres als Heilung, wie Segen, Liebe und Inspiration, zu den Menschen gelangt.

Du hast also die verschiedenen Zwiebelschichten geschaffen, um deinen Druck abzulenken und zu verringern. Viel mehr als das Verständnis brauchst du aber die *Bereitschaft*, und dann wird Heilung geschehen.

Die dritte Schicht deiner Zwiebel ist eine schmerzhafte Angelegenheit. Unter dem Selbstmitleid liegt tatsächliches Leid. Absichtlich hast du dir im Laufe deines Lebens die Finger verbrannt, um einen Einstieg in die notwendigen und bewusstseinsfördernden Verwicklungen dieses Menschenlebens zu bekommen. Ohne diese Verletzungen wärst du ein Engel, der über die Erde schwebte, fernab von den Gefühlen und Bedürfnissen des menschlichen Lebens.

Durch den ersten Schmerz, den ersten Verlust, die erste empfundene Ungewissheit werden dem schwebenden Engel die Flügel gestutzt. Er knallt unsanft auf den Boden der scheinbaren Realität. Keuchend und kriechend muss er sich durch den Schlamm der Welt vorwärts bewegen. Dies ist gewollt, und jeder Mensch - wo doch jeder Mensch ein Engel ist - hat es sich in klarer Absicht selbst zugefügt. Es geschah, bevor er sich dieses Leben aussuchte. Es nutzt nichts, diesen ersten Schmerz wegmachen zu wollen. Er wird nicht verschwinden. Er ist dein Antriebsmotor. Verstehe ihn, achte ihn, ehre ihn."

Vor meinem geistigen Auge formt sich das Bild von Dagobert Duck, wie er in seinem Geldspeicher unter einer Glasglocke auf einem Samtkissen seinen ersten selbstverdienten Taler ausstellt. Das Bild friert ein, und über die Schulter von Onkel Dagobert grinst mich mein Schutzengel an. Wie Dagobert trägt er einen schwarzen Zylinder. Er deutet auf den ersten Selbstverdienten und sagt: "Erster Schmerz - erster Taler: Grundstein für ein Imperium von Erfahrungen. Der erste Schmerz, die erste Erfahrung ließ dich nach Millionen weiteren greifen, guten wie schlechten. Bei deinen Versuchen, dem ersten Schmerz zu entkommen, dann ihn zu betäuben, dann ihn zu tilgen, ihn zu verstehen, ihn zu heilen, schließlich ihn zu akzeptieren, lerntest du die Welt, lerntest du deine Seele in so vielen Facetten kennen. Du wurdest ein weises Wesen. So musst du ihn ehren. Nicht so sehr als erste Verletzung, vielmehr als erste Erkenntnis.

Nun wieder zur Depression, die ja eigentlich Wut ist: Die Seele ist ein unsagbar starkes Wesen und schützt Schwäche vor, weil sie glaubt, dass es so leichter sei. Diese Schwäche kann Migräne oder Kopfschmerzen sein. Überlege dir dies: Der Mensch bessert an Gottes Schöpfung herum. Gott gibt ihm Kräfte, und der Mensch richtet sie gegen sich selbst in der Überzeugung, dass es so besser wird. Aus einem starken Wesen wird ein schwaches, als wäre dies schon mal ein Fortschritt. Das ist der ungelenke Hochmut eines Kindes. Sein Gegenstück lautet Demut.

In Demut und Dankbarkeit verneige dich vor dem ersten Schmerz und verstehe, dass du nicht besser dran wärst, wenn er niemals entstanden wäre. Bei Weitem nicht!"

Ich blicke über das "Badezimmer" des Geldspeichers und sehe im Meer der Goldtaler eine Analogie zum Meer der Erfahrungen und Erkenntnisse, die ich in meinem Leben angesammelt habe. Dankbar gehe ich vor meinem ersten Schmerz auf die Knie und akzeptiere ihn. Nicht länger kämpfe ich gegen seine Realität an.

"Beobachte und lerne" steht auf dem Zierband unter der Ausstellungsglocke geschrieben. Das ist der Leitspruch der Erfahrungen. "Beobachte und lerne."

Wie sich ein nasser Hund schüttelt, schüttle ich meinen Verstand von dieser Erfahrung frei und befinde mich wieder auf den Planken des Segelschiffes. Behände wie eine Katze klettert der Meister die Takelage herab und landet im Sprung direkt vor mir auf den Füßen. "Da vorne ist wieder Land", sagt er.

“Erinnerst du dich, wie uns vorhin, in der Neuen Welt, die Eingeborenen begrüßt haben? Wir haben uns vor ihnen verneigt, wie sie sich vor uns verneigt haben. Ohne Demut und ohne Dankbarkeit funktioniert Gottes System nicht. Anders ausgedrückt: Gott hat zwei Wege erschaffen: den einfachen und den harten.”

Ich empfange seine geistigen Bilder. Durch eine ungezähmte, wilde Landschaft schlängelt sich ein breiter, ruhiger Fluss. Mit einem Boot könnte man diese Gegend einfach durchqueren. Zu Fuß aber wäre es Marter: abgründig, verwachsen und steinig ist das Land. “Deine Dankbarkeit ist das Boot, in dem du dich tragen lassen kannst. Das ist der einfache Weg.

Ohne sie müsstest du dich durchschlagen. Du müsstest dir jeden Schritt erkämpfen, aber das macht stolz, taub und gefühllos. Und es macht müde, unsagbar müde. Du würdest bald stehen bleiben und dich niederlassen, wo du gerade stehst. Das Geröll würde deine Notheimat, dein Ziel bliebe unvergessen, aber auch unerreichbar. ‘Vielleicht im nächsten Leben’, sagst du dann, und das ist traurig. Wir werden jetzt einem weiteren Volk begegnen, und du sollst mir sagen, was du von ihm hältst.”

Ich bin neugierig, und auf einen gedanklichen Befehl hin legt das Schiff an einem fremden Hafen an. Hier blüht eine Hochkultur, die mich an die Mayas und Azteken erinnert. Fremdartig sind sie, aber sehr klug. Weil sie in dem warmen Klima nur Lendenschurz tragen, hält meine europäische Bildung sie für Wilde. Im Begrüßungskomitee ist ein Weiser anwesend, auf dessen Stirn astrologische Zeichen tätowiert sind. Ich erkenne den Mondknoten, den Mond und ein Zeichen, das Uranus darstellen könnte. Andere Zeichen deuten auf Planeten hin, die unseren Astrologen und Astronomen noch unbekannt sind. Sie kommen "wie die Wilden" daher, aber das Wissen, das hinter dieser Stirn zu liegen scheint, schafft Ehrfurcht. Für uns unbekannte Planeten - das ist wirklich grandios.

Wieder gehe ich auf die Knie, diesmal nicht aus Demut vor dem Leben oder aus Dankbarkeit vor der Begrüßung, sondern aus Achtung und Respekt. Anerkennend nickt der Meister meine Reaktion ab, um dann dem Medizinmann wie einen alten Freund mit Armschlag zu begrüßen und um die Ecke zu verschwinden, als würden sie die nächste Kneipe aufsuchen.

Das große Begrüßungskomitee zieht mit ihnen von dannen und lässt mich allein am Strand zurück. An der Küste dieser traumhaften Welt bleibe ich allein zurück, mir selbst mit meinen Eindrücken und Gefühlen überlassen, bis schließlich eine kleinere Gruppe, in ihrer Mitte mein Lehrer und sein Freund, wieder erscheint und mich mitnimmt, es geht "in die Bibliothek". Die Bibliothek! Was für eine Aufregung. Das Wissen einer fernen Welt liegt vor mir ausgebreitet. Hunderte Rollen, die wie beschriftete Palmenblätter aussehen, an ihren Enden eingefasst in hölzerne, polierte Stäbe, hängen beinahe gänzlich unter freiem Himmel an Wänden aus Schilfrohr. Mir ist selbstverständlich klar, dass diese Menschen eine Form entwickelt haben, ihre Aufzeichnungen vor der Witterung zu schützen, aber meine westeuropäische Prägung lässt mich mich noch immer nicht dazu durchringen, diese Kultur als gleichberechtigt oder höherwertig anzusehen.

Trotzdem - ich brenne vor Neugier. Der Medizinmann sitzt auf einer Art Schaukel, vielleicht die örtliche Entsprechung von Stühlen, und lässt mir Zeit, dies alles zu betrachten. Ich begreife, wie schwer es ist, innere Erfahrungen in Worte zu fassen, weil sie zu einem guten Teil aus Dingen bestehen, die ich nie zuvor gesehen habe. Fehlinterpretationen sind darum nicht nur nicht ausgeschlossen, sondern, so fürchte ich, geradezu an der Tagesordnung.

"Ich heißc Jazi", stelle ich mich dem Medizinmann vor und benutze dabei meinen Spitznamen. Meine ausgestreckte Hand ignoriert er, so vollführe ich vage einen Gruß mit offener Handfläche. Er antwortet mir, in sehr viel sichererer Manier, mit einem geistigen Gruß, das bedeutet: Er übermittelt meinem Verstand telepathisch das Bild einer Grußgeste, anstatt sie körperlich auszuführen. Er stellt nun Augenkontakt her und erklärt:

"Vor Millionen Jahren strandeten unsere Vorväter an diesem Ort. In eurer Zeitrechnung mag es sich nicht um Jahrmillionen gehandelt haben, doch wo wir leben, läuft die Zeit anders. Wir haben uns für ein Studium der Wissenschaften entschieden, so wie ihr euch für ein Studium der menschenmöglichen Macht entschieden habt, so wie sich andere Stämme für ein Studium der menschenmöglichen Liebe entschieden haben. So wie sich andere Kulturen für ein Studium der Dinge Gottes entschieden und diesbezüglich ein Wissen erlangt haben, das über das hinausgeht, was wir verstehen, aber nicht so weit, dass wir es nicht aus tiefstem Herzen respektieren würden. Dein Begleiter ist einer aus jenem Volk, die die Dinge Gottes studieren. Er besucht uns in Abständen von Jahrzehnten.

Die Völker haben sich schließlich voneinander entfernt, nicht durch Raum, sondern durch Schwingung. Außer durch seelisches Reisen erreichen wir einander nicht mehr."

Die Aufteilung der Menschheit nach dem, was sie studiert, erscheint mir sehr merkwürdig, und der Medizinmann spürt mein Zögern. Er sagt: "Du glaubst, ihr hättet euch für ein Studium der Wissenschaft entschieden. Denn deine Kultur betet die Wissenschaft als Gott an. Es gibt kaum eine Proklamation eurer Führer, die nicht den Gott Wissenschaft anruft. Aber die Wissenschaft ist der Sklave eures größeren Gottes, und dieser Gott heißt Mars, der Gott der Menschenmacht. Ich nenne diese Art der Macht so, um den Unterschied zur unterbewussten Macht zu kennzeichnen.

Diese ist noch viel stärker. Euer Weg ist, zur Menschenmacht zu gelangen, indem ihr die Wissenschaft als Arbeitstier benutzt. Unser Weg ist auf die Wissenschaft selbst ausgerichtet. Sie ist das letzte Glied *unserer* Kette, mit ihr möchten wir nichts weiter bezwecken. So wie ihr mit der Macht nichts weiter bezwecken möchtet, es sei denn noch mehr von dieser Art von Macht.

Unsere Welt ist nicht besserer oder schlechter als deine, darum hüte dich vor der Romantik, die ich in deinen Augen aufblitzen sehe. Romantik ist Unfug. Sieh, was du hier lernen kannst, und nachher werde ich von dir erlangen, was unser Volk von deinem lernen kann. 'Lernen' ist dabei vielleicht das falsche Wort, um das zu beschreiben, um was es geht. Es ist vor allem ein Transport von Schwingungen. Du kommst zu uns und bist noch ganz in der Schwingung deiner Welt. Übernehmen wir deine Gestik und Mimik, wissen wir besser, was es bedeutet, sich durchzusetzen, denn euer Gott ist die Durchsetzungskraft.

Bleibst du eine Weile hier, nimmst du unsere Gestik und Mimik und unsere Gedanken an. Und du wirst ein Botschafter in deiner Welt für die Art unseres Wissens und für unsere Art zu studieren. Das geht ganz leise, einfach durch dein verändertes Wesen. Ich kann dir zum Beispiel die jenseitigen Planeten zeigen. Welcher ist der letzte, den ihr kennt? Pluto? Pluto.", nickt er. "Wir kennen zwei jenseits davon." Ich werde neugierig, gleichzeitig ängstlich. "Das ist für uns das Zeichen zum Aufbruch", sagt mein Lehrer, der unvermittelt neben mir erscheint. Er hat meine Erregung gespürt und holt mich nun ab. "Vergiss nicht, zu uns zurückzukehren, wenn du lockerer geworden bist", ruft mir der Alte nach. Fragend blicke ich meinen Lehrer an. Er erklärt: "Solange es um Prinzipien, kosmische Gesetze und Schwingungen ging, hattest du kein Problem damit, ihm zuzuhören. An dem Punkt aber, als die physische Realität deines Universums, die du für unumstößlich hältst, herausgefordert wurde, ergriff dich Erregung und gleichzeitig Furcht. Nach nichts mehr sehnst du dich, als nach physischen Beweisen für die Wahrheit deiner inneren Erlebnisse. Ein solcher physischer Beweis wäre beispielsweise die Entdeckung der zwei transplutonischen Planeten. Erst in deiner meditativen Reise, dann durch die Astronomen. Dies ist aber nicht der Zweck unserer Reise.

Ich verlange von dir, dass du die energetischen Prinzipien lernst, nicht die beliebig zusammengewürfelten Realitäten. Das weißt du auch. Deshalb deine zweigeteilte Reaktion. Und da du alles gesehen hast, was es hier zu sehen gibt, kehren wir nun auf unser hübsches Segelschiff zurück. Du kannst jederzeit diesen Ort besuchen. Du hast ja gesehen, wie man sich hier über einen Gedankenaustausch freut."

(Einige Zeit nach dem Erlebnis bereite ich es heute für mein Buch auf. In der Zwischenzeit sind zwei Himmelskörper jenseits des Pluto entdeckt und benannt worden, jeweils gefolgt von einer Diskussion, ob diese die Kriterien für den Begriff "Planet" erfüllen. Als interessierter Laie erfuhr ich dabei, dass unser Sonnensystem hinter Plutos Umlaufbahn keineswegs endet, sondern dass weit von ihm entfernt noch eine Vielzahl von Himmelskörpern um unsere Sonne kreist, wovon die meisten jedoch für Astronomen wie Astrologen gleichermaßen als unbeachtlich gelten.)

In Gedankenschnelle habe ich wieder hölzerne Planken unter meinen Füßen. Nebenher stellt mir der Meister eine Frage: "Wir waren hier, um die vorletzte Schicht der Zwiebel, jene Schicht, die unter dem Urschmerz liegt, zu begreifen. Was hast du erfahren?"

Ich denke zurück an den Moment, als ich statt aus Dankbarkeit aus Respekt in die Knie ging. Aber ich zucke die Achseln. Mir fällt keine Verbindung ein zu einer noch tieferen Schicht menschlichen Bewusstseins, die, falsch verarbeitet, zu Depressionen führen könnte. Das Tiefste, das ich mir vorstellen kann, ist nun einmal der Urschmerz.

"Du nimmst diesen Urschmerz viel zu ernst. Darunter liegt *Respekt.* Die tiefere Schicht jeder Depression und die tiefere Schicht und der tiefere Grund, warum Seelen überhaupt auf der Erde inkarnieren, ist Respekt. Denke zurück, als du ein Kind warst und dein Onkel dir Dinge erklärt hat, von denen du bislang noch nichts wusstest. Vor respektvollem Staunen stand dir der Mund offen. 'So wie er möchte ich werden', hast du dir gedacht. Und das ist eine große Triebfeder des menschlichen Universums. Nun weist du auch, was der innere Kern der Zwiebel ist." - "LIEBE!", rufe ich und gebärde mich wie ein aufgeregter Schüler auf der Schulbank. "Genau", antwortet er mir. "Liebe ist die Triebfeder:

> die wahre Ursache, warum die Seele die Mühen auf sich nimmt, durch die Schule der physischen Inkarnation geht, einen menschlichen Körper annimmt, obwohl sie ein Engel ist, sich selbst die Flügel stutzt, in den Schlamm fällt, darin herumkriecht, mal einsam ist, mal hofft, mal leidet und mal lacht, nach Erlösung ruft und so lange Entbehrungen auf sich nimmt und sucht, bis sie schließlich den Ausweg findet.

Aus der Liebe zu Gott entsteht der Respekt vor Gott. Aus Respekt vor Gott willigt sie in den Urschmerz ein. Während des Urschmerzes fällt der große Vorhang des Vergessens, weil Schmerz alles vergessen lässt. Daraus entsteht Selbstmitleid und aus Selbstmitleid entsteht das Helfenwollen."

Lösung

"Wie löst der Mensch nun das Knäuel seiner Depressionen?", frage ich. Wie in einer rückwärts abgespulten Filmsequenz setzt sich eine geschälte Zwiebel von unsichtbarer Hand wieder zusammen und ruht als Ganzes in der Hand meines Engels. Er sagt:

"Die Zwiebel ist von innen nach außen gewachsen, so auch die Heilung.

Erstens: Verstehe deine Wurzel: die Liebe. Empfinde aus ganzem Herzen deine Liebe für Gott und deine Liebe für das Leben. Verstehe, dass Gott etwas ist, das in dir pulsiert. Du bist es, dem seine Liebe gilt. Aus ganzem Herzen. Aus ganzem Verstand und höher noch - aus ganzem Wesen. In gewisser Weise bist du Gott, denn jede Seele ist Gott.

Zweitens: Entwickle einen hohen Respekt vor dir, Gott, und meditiere darüber, was du dem Leben geben kannst. Suche nicht im Äußeren nach deiner Gabe für das Leben. Denn du bist das Leben, du bist die Manifestation Gottes. Es gibt Millionen Universen - Menschen genannt -, auf die du aber keinen Einfluss nehmen sollst. Du sollst Gott ausdrücken, aber in Respekt.

Drittens: Betrachte deinen Urschmerz, und sei froh.

Viertens: Schwimme in diesem warmen Gefühl, dass das, was ist, gut ist. Versuche nicht mehr, ihm zu entgehen, sondern hab Vertrauen. Und schließlich gehst du hinaus und hilfst den Menschen. Das ist paradox, aber das Prinzip Gottes basiert auf Erlösung.

Ich habe dir erklärt, dass kein Erlöser in der Schöpfung Gottes vorgesehen ist. Zugleich sage ich, dass die Schöpfung Gottes auf Erlösung basiert. Du bist auf deiner Stufe der erlöste Mensch geworden. Andere Menschen, die mit dir in Kontakt geraten, empfangen deine Gestik, deine Mimik und deine Gedanken. Gerade so, wie es dir mein alter Freund, der Schamane, erklärt hat. Leichtigkeit strömt in ihre Welt, so wie deine Welt Leichtigkeit ausstrahlt. Das ist Erlösung. Es ist kein Projekt. Es ist kein Vorhaben. Solange du *tust*, *bist* du nicht. Wenn du aber *bist,* kannst du tun, was dir gefällt. Du strahlst Erlösung aus. Ob du unter Menschen bist oder nicht. Ob du in der Öffentlichkeit stehst oder nicht. In der Bild-Zeitung der himmlischen Welten lesen die anderen inkarnierten Seelen, jene, die deine Zeitgenossen sind: 'Schaut her - wieder hat einer Leichtigkeit erlangt.' Und deine Geschichte wird erzählt. In Worten, die Menschen nicht zu verstehen vermögen, aber auf eine Weise, die der Seele nahe geht. Und du hast sie inspiriert."

"Ui", mache ich, "... das ist schwer zu fassen. Wenn ich das in einem Buch schreibe, klingt das sehr psychedelisch. Es klingt wie seichtes Geschwätz."

Der Meister neigt den Kopf. "Du hast verstanden", sagt er nachdenklich, "dass die Dinge jener Welt völlig verschieden sind von denen deiner Welt. Ich zögere sogar zu sagen, *deiner* Welt, denn diese physische Scheinwelt, die aus Leiden gemacht zu sein scheint, ist niemandes Welt, außer Gottes. Du solltest dich nicht mit ihr identifizieren. Du bist *hier* zuhause. So wie ich. Und hier gibt es nur Bilder, Schwingungen, Energieflüsse, Analogien und Gleichnisse. Ich kann nicht anders sprechen. Du darfst es ein wenig transformieren. Aber willst du die Kraft erhalten, die du hier auf unseren Reisen erfährst, dann transformiere nicht. Am Ende versteht sonst der Verstand, aber die Seele, welche tatsächlich lebendig ist, hört nichts mehr.

Du bist mit mir in der Höhle gewesen, in der Edelsteine geschmiedet wurden. Druck und Hitze brachten den menschlichen Körper und seine Emotionen bis an die Grenze ihrer Kräfte. Während in deiner Brust ein Diamant entstand, lagst du danieder und konntest kaum noch aufstehen. Als es dir zu viel wurde, hast du Druck abgelassen. Umso langsamer wuchs der Diamant - und: umso mehr hast du gelitten. Lass uns auf diesen Energiefluss zurückkommen. Du hast verstanden, aus welchem Grund der Mensch Energie ableitet, und dass ihn dies in seiner inneren Entwicklung nicht weiterbringt."

* * *

Damit entließ er mich, und ich war zurück im Garten. Ich gesellte mich wieder zu Schwiegermutters Geburtstagsfeier, den Schatz meiner Erlebnisse sicher auf zwei Tonbändern verwahrt.

Der zweite Kreis des Lebens

Mentales Verstehen und emotionale Heilung scheinen zwei völlig verschiedene Dinge zu sein. Während die Bilder, die mein innerer Meister mir gab, einleuchtend und logisch schienen, zweifelte ich doch daran, dass ich allein durch deren Integration Heilung erfahren könnte. Es war ein anderer Tag, und in den inneren Welten ging ich an einer langen Baumallee spazieren. Unversehens gesellte sich der Meister dazu.

Die Luft ist herbstlich frisch. Die Blätter fallen, und die Ruhe ist sagenhaft. Es ist, als atmete die Natur und raunte mir zu: "Du bist es: geborgen. Auch der Tod gehört zum großen Plan, und er ist nichts, für das du dich schuldig fühlen müsstest."

Ich atme diese Geborgenheit tief in mich ein, als mein Lehrer mich anblickt und fragt: "Siehst du nun den zweiten Kreis des Lebens? Der erste Kreis des Lebens ist das mentale Verstehen, wie tiefgehend auch immer. Der zweite Kreis des Lebens ist das Erwachen des Fühlens aus dem Winterschlaf. Der Mensch beginnt zu sehen, die Details wahrzunehmen und das Leben zu spüren, selbst im Herbst. Du musst aus deiner Starre erwachen. Unser kürzliches Abenteuer sollte dir zeigen, warum der Mensch sich vereist, warum du dein Leben auf Eis gelegt hast.

Es ist ein kaum bekanntes spirituelles Gesetz, dass unbewusste Abläufe durch Bewusstsein in die andere Richtung gedreht werden dürfen. Darum folgt deinem emotionalen Winter nun der Herbst. Es ist die richtige Reihenfolge für die Seele im Aufbruch. Durch Liebe kannst du den Zyklus von Entstehen, Blüte, Zerfall, Sterben und Vereisung in die umgekehrte Richtung laufen lassen. Drehe ihn zurück, und lebe in deinem Herzen fortan in einem immerwährenden Frühling. Dies ist eine der vielen Betrachtungsarten spiritueller Wirklichkeit:

Während die äußere Welt Werden, Blüte, Zerfall und Tod erlebt und selbstverständlich auch dein äußeres Leben in diesem Rhythmus schwingt, musst du als inneres Wesen nicht davon betroffen sein. Wenige Schritte genügen, um dich in eine ganz andere Welt des Bewusstseins zu bringen."

Während er spricht, nehme ich meinen Blick vom Boden der Allee und sehe vor mir eine weite Ebene in merkwürdigen Farben. Blau, rosarot und hellviolett leuchtet vor mir ein Feld. Der Meister lächelt. "Die Welten, die du siehst, sind anders als die, die du erwartest. Würdest du das Richtige erwarten, hieße das, du warst schon einmal da. Oder es hieße, es wäre nicht einzigartig.

Aber eines verspreche ich dir: Du wirst immer wieder gänzlich neue Welten betreten. Sie werden anders sein, als du sie dir je vorstellt hast. Dies ist der Grund, warum du dein Leben nicht auf Eis legen solltest. Nichts von dem, was du versäumst, kannst du dir nur entfernt vorstellen."

Eine Schwalbe fliegt heran, breitet untypisch ihre Schwingen aus und lässt sich vorsichtig auf dem Feld nieder. Als wir zwischen den blau-violetten Gewächsen in seine Richtung stapfen, wird der Vogel größer und größer.

In gigantischer Größe ragt er über uns auf, als wir bei ihm ankommen. "Hier sind alle so", zwinkert mir mein Schutzengel in spielerischer Übertreibung von Lässigkeit zu. "Komm nur mit, und sieh dir erst einmal die Bauten an."

Ich glaube, die Stadt dieses merkwürdigen Landes, zu dem uns die Allee geführt hat, stand nicht wirklich auf dem Besichtigungsplan dieser spirituellen Reise. Aber ich frage meinen Lehrer, was diese fremdartigen Eindrücke denn nun mit unserem Thema Heilung von Depressionen zu tun hätten?

“Schau dich um, und spüre die Wärme der Sonne auf der Haut. Es ist die Sonne, die diesen Vogel so groß werden ließ. Diese Sonne verwandelt auch dich. Sie taut dich auf, bis zum Kern. Kein Verstehen und keine mentale Disziplin ist notwendig, um so etwas zu erfahren. Sage deinen Lesern, dass sie nur hierher reisen müssen, und ihre Freiheit gehört wieder ihnen.”

Er macht eine kleine Pause und schaut mit leerem Blick in die Ferne. “Weißt du eigentlich...”, er stockt kurz und fährt dann fort: “Weißt du eigentlich, wie wenige auf diese Einladung wirklich eingehen? Ich könnte täglich dreihundert Menschen hier durchführen, es kommt aber immer nur einer; oftmals keiner. Sie glauben wohl nur noch an die Wirkung von Tabletten, obwohl sie sie in einhundert Prozent aller Fälle maßlos enttäuschen, und nicht mehr an die Kraft, die in der Seele liegt. Das Seelenreisen ist die einzige Heilung für deine Krankheit.” Er nennt mir diese Übung:

"Lehn dich irgendwo an, und schließe deine Augen. Richte deinen Blick in die Ferne, und spüre den Einklang. Öffne innerlich wieder deine Augen, und sieh, dass du hier an diesen Baum gelehnt stehst. Es ist der einzige Baum, mitten auf dem violetten Feld. Das Feld wogt hin und her. Der Vogel schaut dich aus einem Auge interessiert an. Die Sonne schmeichelt deiner Haut. Du weißt, dass jede Sekunde, die du in dieser Sonne verbringst, deine Krankheit heilt, weil sie dein Herz heilt. Daher solltest du viele Sekunden hier verbringen, vielleicht zehn Minuten an einem Tag, aber die mentale Disziplin, oder besser gesagt: ihr Fehlen, hält dich oft davon ab. Deine Gedanken flitzen umher wie junge Affen, und du jagst ihnen ständig nach. Jetzt, wo du es weißt, lass es einfach sein. Lass die Affen flitzen und spüre den Baum in deinem Rücken.

Spüre die Sonne auf deiner Haut, und schau dir den Vogel an, sieh, wie groß er ist. Sprich öfter mit deinem inneren Lehrer, aber nicht nur an dem tristen Ort deiner Alltagswirklichkeit, sondern komme auch hierher, in dein wahres Zuhause. Hier fällt es mir leichter, dir zu begegnen."

So weit die Übung. Mein Engel fährt fort: “Ich weiß, dass du etwas anderes erwartet hast, als ich dich eingeladen habe, hier mit dir über Depressionen zu sprechen. Du wartest zum Beispiel auf Techniken, um den Energiestrom wiederherzustellen. Aber all das haben wir schon besprochen. Das Leben sorgt für sich selbst, weißt du. Wenn der Mensch es lässt, bringt es von ganz alleine alles ins Lot. Glaubst du, du müsstest mit deinen Fingern in der feinen Elektronik Gottes herumpfuschen? Nein, du musst Gott nur sein Werk tun lassen. Das Wort lautet *sein* - du musst es zulassen. Wie lässt du es zu? Das ist schwer zu beschreiben, aber es ist leicht getan. Den Erfolg siehst du daran, dass du keinen Widerwillen mehr verspürst, wenn du bildhafte Wahrheit erfährst.

Erinnerst du dich, wie dir am Anfang all dies viel zu kindlich war? Lasse dich ein, schwinge mit, und du verstehst immer mehr, wie das ist, was Gott mit dir tut. Es ist das Auf- und Abstreifen des Windes über diesem Feld. Ohne wirkliche Richtung, in einer Wellenbewegung, verläuft dein Leben auf ein Ziel zu, das nicht im Erreichen eines Punktes besteht. Der Zweck deines Lebens lässt sich malen wie eine renitente, disharmonische Flutwelle, die schließlich zur sanftesten aller Wogen wird.

Gottes Liebe hat wenig mit dem zu tun, was sich die Menschen unter Gottes Liebe vorstellen. Lebt in dir nicht auch noch das mittelalterliche Bild dieses sehr alten Mannes, der, weil er lieben kann, folglich auch manchmal unwirsch wird? Wie oft erzählen Menschen: "Gott hasst das, was du tust"? Das ist Unfug. Gott ist die Urform der harmonischen Welle. Du kannst sagen, Gott ist die Harmonie in dem Fließen. Er prägt sich uns auf. Aber nicht heimlich und nicht zwanghaft, sondern wenn unsere Sehnsucht so weit gereift ist, dass wir nach ihm rufen. Wenn du nach Gott rufst und dich nach ihm verzehrst, tritt, nach einer Zeit, die Veränderung ein."

Damit endete der zweite Tag der Reise, und mein Engel entließ mich in die physische, die so genannte wirkliche Welt.

Am dritten Tag saß ich auf der Veranda und schaute in die Nacht hinaus, als ich seine Präsenz spürte.

Dem Faden folgend

“Hast du verdaut, was ich dir über die Wichtigkeit des Seelenreisens gesagt habe?”, beginnt er übergangslos das Gespräch. “Ich glaube ja”, antworte ich mit aller gebotenen Vorsicht, denn ich kann ja nicht wissen, welche subtile Botschaft ich vielleicht übersehen habe. Mein Engel lacht. “Oh, eine ganze Menge an Botschaften. Aber das macht nichts. Dein Leben, wie das spirituelle Leben aller Menschen, verläuft auf einer Serpentinenbahn. Vom Allgemeinen zum Speziellen zum Genauen zum Konkreten zum Kern. Es genügt vorerst, wenn du die ersten Schichten durchdringst.”

Wir sitzen eine Weile schweigend da. “Sollte ich nicht langsam etwas konkreter werden?”, frage ich ihn und spiele darauf an, dass ich aus unserer Unterredung ja auch Stoff für ein Buch ziehen möchte. “Was möchtest du denn sagen?”, gibt er zurück. “Nun ja...”, breite ich mich aus, “ich habe ausprobiert, welche Mittel bei Depressionen helfen können: hochkonzentrierte Multivitamine, Enzyme, eine Entsäuerungskur, viel Wasser trinken."

Er schweigt lange und schaut, als wolle er seine Gedanken in Worte fassen. "Ganz bestimmt führt ein Fehlen dieser wichtigen Stoffe zu einer Verdunkelung des physischen Kosmos des Menschen. Und durch einen verhangenen Himmel kannst du nicht die Sonne sehen. Darum zähle deine Erfahrungen im Anhang auf, wenn du möchtest, aber vergiss für dich selbst nicht, dass Gott der Ring ist, an dem alle Fäden aufgeknüpft sind. Wer diesen Ring verliert, findet vielleicht irgendein Ende irgendeines Fadens. Die Liebe Gottes ist auch noch an diesem fernen Ende zu spüren.

Aber anstatt überall herumzugehen und den Menschen zu sagen: 'Seht her! Ich habe ein Fadenende gefunden, an dem die Liebe Gottes zu spüren ist. Geht und holt euch auch ein Fadenende!' sollte der Mensch diesem Faden einfach still folgen, denn unweigerlich wird ihn das, wenn auch durch viele Knäuel und Verwicklungen, zum ursprünglichen Ring führen. Nun steht ihm wieder alles Wissen zur Verfügung, nicht nur eine einzelne Technik. Und wieder ereilt ihn ein Paradoxon der inneren Welt: Hast du alles, benötigst du nichts davon. Es ist nur noch die Liebe, von der du dann zehrst. Dies verstehen nur wenige, die sich mit Esoterik oder Spiritualität beschäftigen.

Dein Herz ist erfüllt von der Liebe Gottes. Du brauchst nichts anderes. Aber du brauchst sie, die Liebe. Wenn du sie verlierst, musst du wieder nach einem dieser Fäden greifen und dich daran zurückhangeln. Viele Menschen sagen: 'Ich benötige nur die Liebe Gottes. Der Rest ist Humbug.' Das stimmt nur zur Hälfte. Es stimmt nur, wenn sie die Liebe Gottes tatsächlich bereits besitzen und wenn sie sie auch dauerhaft halten können, was nicht jedem sofort gelingt.

Ein drittes Missverständnis liegt auf einer anderen Ebene: Der Ring, mit dem ich die Liebe Gottes verbildlicht habe, liegt im Himmel. Die Fäden reichen herab bis auf die tiefste Ebene der menschlichen Psyche. Darum ist jede spirituelle Erkenntnis, auch die einfachste, wichtig für den, der sie zum ersten Mal greift.

Ein anderer Aspekt dieses Bildes ist folgender: Dieser Ring der Liebe liegt bei Gott, sozusagen im Himmel. (Natürlich ist Gott nicht im Himmel, sondern im Herzen, aber so funktioniert die Geschichte besser.) Die Fäden hängen vom Himmel herab in alle Ebenen des Bewusstseins. Alle möglichen Ebenen des Bewusstseins des Menschen haben ihre entsprechenden Schnurenden, sodass es dir in jeder Lage, und darauf kommt es an, möglich ist, einen dieser Fäden zu greifen und ihm zu Gott zu folgen.

Dies bedeutet im Umkehrschluss, dass keine der Wahrheiten, die den Menschen zur Verfügung stehen, absolut ist. Es ist eben nicht so, dass die Entsäuerung des Körpers die Heilung für alle Krankheiten ist, oder dass harmonische Musik für jeden Menschen eine Harmonisierung der Psyche bewirkt. Es gibt tausende wirksamer Wahrheiten, und ihr einziger Zweck ist es, da zu hängen, auf dass der Mensch eine greifen möge und ihr, hoffentlich in der richtigen Richtung, folgt.

Wird der Faden von seinem Ursprung abgeschnitten, verliert er jeden Wert. So ist es mit den Wahrheiten vieler Religionen geschehen. Wie könntest du jemals die christlichen Gesetze von der Liebe Gottes trennen? Kunststück. Aber den Menschen ist es gelungen. Die Wahrheit wird tot, und nur ein Hauch von Erinnerung, der nach einigen Jahrhunderten dann schließlich auch verblasst, umhüllt ihn noch. Klaube nicht die toten, alten Fäden zusammen, die einstmals lebendige Wegweiser zu Gott gewesen sind. Überhaupt musst du nicht viele dieser Fäden zusammensuchen. Einer genügt. Folge ihm zur

Quelle, wenn du den Mut dazu hast. Und deine Krankheit, die Depression, schmilzt wie Eis in der Glut.

Du hast in der Zeit viel erreicht", schließt er nach einer Pause das Erlebnis. Ich sitze auf einer Bank am Ort meiner Kindheit und schaue auf ein weites Feld. Damals, in meiner Kindheit, schien es mir, als hätte der Bauer es längst verlassen. Denn in der suburbanen Einöde wirkte es völlig fehl am Platze. Heute sehe ich, dass dieses Feld meines ist. Mein Engel sagt: "Das Herz auch des härtesten Treibens und des schärfsten Kampfes ist das Leben. Vergiss nicht das Wozu, und ich schenke dir ein Gefühl für Einfachheit und Sinn."

2. Teil

Sicherheit

Die eine Entscheidung

Da glaubt der Mensch, den du fragst, und ich meine jeden beliebigen: Wenn er nur wüsste wie, dann würde er den Weg zur Heilung einschlagen. Du wirst feststellen, dass das nicht stimmt. Zugegeben, einschlagen würde er ihn vielleicht, aber nicht zu Ende gehen. Denn am Anfang steht die Entscheidung: Möchte ich heil sein? Das kostet. Oder möchte ich lieber noch besser lernen, den Deckel draufzuhalten?

Du kannst die Ratschläge aus Büchern, von Freunden und von Heilern in diese zwei Kategorien einteilen. Häufig kommen Kunden in meine astrologische Praxis, die wissen möchten, ob ihr Partner zurückkehrt. Ich stelle ihnen drei Fragen:

Was tun Sie in der Zwischenzeit?

Dahinter steht: Leben Sie ein volles Leben, oder warten Sie nur, mit zunehmender Verbitterung? Das Warten werden Sie ihn nach seiner Rückkehr bezahlen lassen. Somit wird er, selbst wenn er wollte, es wohl nicht wagen. Das volle Leben wird Sie aber attraktiv machen, nicht nur für den ehemaligen, sondern auch für einen möglichen neuen Partner.

Wie sieht Ihre Beziehung aus, wenn er zurückkommt?

Glauben Sie im Ernst, dass nur die junge Blonde der Grund für sein Weggehen war? Oder erkennen Sie, was schief gelaufen ist, zum Beispiel in der Paarkommunikation? Was tun Sie, damit es in der nächsten Beziehung, gleichgültig, ob es die zweite Auflage mit dem Expartner oder eine neue ist, besser wird?

Haben Sie sich verändert durch die Trennung?

Das bedeutet: Sind Sie mehr Sie selbst geworden? Wenn Sie die Chance, die Ihnen der Himmel mit der Trennung gegeben hat, nicht nutzen, und wenn Ihnen die Leidenszeit nicht mehr Liebes- und Wahrheitsfähigkeit gebracht hat, wird Gott Ihnen eine zweite und eine dritte Chance geben.

Natürlich sind diese Klienten für meine Praxis verloren, denn die Frage "Kommt er zurück?" kann man nicht nutzbringend beantworten. Zumindest ich sehe keinen Nutzen, weder im Ja noch im Nein, darum schaue ich gar nicht erst ins Horoskop.

Die sprechendste (und häufigste) Antwort auf meine Gegenfragen lautete: "Alle anderen Kartenleger/Astrologen/Wahrsager haben mir gesagt, er kommt zurück, nur Sie sagen das Gegenteil. Wer hat wohl Recht, Herr Zimmermann?"

Wir stehen also vor einer Entscheidung, und entgegen der landläufigen Meinung, und dies ist nur religiös zu begründen, stoßen wir eben nicht zuerst auf die Heilmethode und dürfen uns dann entscheiden, sondern wir treffen eine Entscheidung für ein Ziel, und dann ebnet sich der Weg.

Denke daran, dass diese Welt in der Hand Gottes liegt, er hat die Matrix erschaffen. Innerhalb ihrer Gesetze, die ganz anders lauten, als man denkt, ist die Seele der

Schöpfer. Wir erschaffen Welten und Realitäten in unsagbarer Grenzenlosigkeit. Oder, je nach Entscheidung, in unglaublich engen Grenzen. Da ist einer, ein begabter Künstler, geht aber direkt nach der Schule in einen Brotberuf, ohne sich die Künstlerlaufbahn überhaupt erst zu überlegen. Oder einer wäre gern Architekt und wird wie selbstverständlich Makler, hat ja auch etwas mit Häusern zu tun... Das sind unwillkürlich getroffene Entscheidungen, je schlimmer, desto weniger wir je über sie nachgedacht haben. Denn die Seele verfügt über Schöpfungskraft. Die meisten von uns erschaffen jedoch, wo ihnen etwas wichtig ist, nur Mauern: Gegenargumente.

Am Beginn steht das Träumen, das Sich-Erträumen. Der Traum muss am Anfang möglichst grenzenlos sein. Wenn Geld keine Rolle spielt, Ansehen keine Rolle spielt, dein Talent außer Frage steht - was möchtest du tun, sein, erleben? Träumen will gelernt sein, denn verlernt haben wir es bereits. Und man komme mir nicht mit einer Fernreise als Lebenstraum. Dein wirklicher, ganz echter Traum, der aus der Tiefe deiner Seele, liegt darin, dich vollkommen zu machen, also deine schönsten Talente zu entfalten. Vielleicht bist du ein Marco Polo, und Entdecker zu sein ist dein Traum. Ansonsten ist der Traum "Reise" aber der große Ersatztraum unserer Zeit. Ganz du zu sein und darin zu strahlen, das begeistert.

In der Schule gibt es nur wenige gute Lehrer. Das sind solche, die von Herz und Berufung her Lehrer sein wollten. Neben ihnen gibt es die Daneben-Greifer, gerade an Gymnasien: einer, der gern Forscher geworden wäre, wird Biologielehrer. Einer, der gern Fußballer geworden wäre, ist Sportlehrer. Ein verhinderter Bischof unterrichtet Religion, und wer von Herzen gern ein geachteter Unternehmer wäre, beugt sich den Sachzwängen und lehrt stattdessen Wirtschaftswissenschaften.

Alle ärgern sie sich, dass die Schüler so wenig Talent, so geringes Interesse an ihrer geliebten Materie haben, und niemals kommen sie über die Grundlagen hinaus, obwohl sie in ihrer Disziplin doch so gerne Meisterschaft erreicht hätten. Und sie geben ihre Verbitterung und ihren Glauben an die Macht der Sachzwänge an die Schüler weiter. Allein der Lehrer aus Berufung wird in der Schule meisterlich, und ein Meister-Lehrer stärkt seine Schüler im Glauben an sich selbst.

Schau also, wenn dir jemand Sachzwänge vor Augen führt, ob es sich um einen gescheiterten Träumer handelt. Die Prüfungsfrage lautet: Möchtest du einmal da stehen, wo dein Ratgeber jetzt steht? Eine Schneiderin gab einer jungen Künstlerin den Rat, nicht nach den Sternen zu greifen. "Schneidert sie denn schöne Kleider?", fragte ich das Mädchen. “Nein, eigentlich betreibt sie eine Änderungsschneiderei.”

Später, als die Künstlerin doch nach den Sternen griff, berührte sie das Herz der Schneiderin. So kann sich das Ratgeber-Ratnehmer-Verhältnis schnell umdrehen.

Dies ist keine Garantie zum Erfolg, aber ohne ihren Traum, den einen, wirklichen, den Gott in ihr Herz gepflanzt hat, findet die Seele keinen Halt in dieser Welt. Sie zieht sich zurück. Und du schaust leer aus dem Fenster und philosophierst über Tristesse.

Der Wunschzettel

Meine Freundin Roswitha nimmt die mystische Welt praktisch. Sie schreibt sich regelmäßig einen Wunschzettel, auf dem steht zum Beispiel:

- Nebenjob finden
- die Telefonanlage funktioniert wieder
- Partnerschaft

Das ist keine Agenda, also kein Noch-zu-tun-Zettel, sondern ein Wunsch. Zwei Wochen später hat sie ihren Nebenjob (und ohne ihr Zutun werden ihr auch die anderen zwei Wünsche erfüllt). Dann bemerkte sie, dass es eigentlich nicht ein Nebenjob ist, den sie sich wünscht, sondern eine Festanstellung in ihrem Stammberuf. Dies erfüllt sich etwa vier Wochen, nachdem sie "Festanstellung" auf ihren Wunschzettel geschrieben hat.

Wir träumen, wenn die Seele Bilder möglicher Realität erschafft. Dann machen wir ein Bild fest, und zwar das, das uns am lohnendsten, erfüllendsten erscheint. Genauso kannst du es natürlich zwei oder drei Ziele sein lassen, aber sie sollten einander nicht in die Quere kommen.

Dann wünschst du es dir von deinem Engel und sagst damit: Du möchtest dieses Ziel tatsächlich.

Das hat nichts mit fest, kräftig oder angestrengt wünschen zu tun oder gar mit hart darauf hinarbeiten oder mit "wenn du es wirklich willst" (und dich dafür aufreibst). Es ist eine Entscheidung, mehr nicht. Aber sie muss getroffen werden.

Im nächsten Schritt öffnen sich dir die Wege, jeder mit seinem Preis. Der häufigste und zugleich höchste Preis, der auf dem Etikett stehen kann, ist, Meinungen und Gewohnheiten aufzugeben. Auch Ängste und ein Stück von deinem Stolz (nicht zu verwechseln mit deiner Würde) können eingefordert werden. Du wirst Dinge mehrfach versuchen müssen und andere vielleicht um Rat fragen. Und es wird unbequem sein.

Dies auf die Frage von oben angewendet, geht zum Beispiel so: "Kommt mein Partner zu mir zurück?" formulierst du zu einer Entscheidung um: "Ich möchte wieder eine glückliche Partnerschaft." Und zwar mit einem "guten" Mann; nicht mit genau dem - das wäre Manipulation -, aber auch nicht mit irgendwem. Er muss nicht perfekt, jedoch "gut" sein. Ein einfaches Ziel: einfach formuliert und dein Herz dort hineingelegt.

Wenn du jetzt fragst: "Kommt der Ex wieder zurück?", willst du eigentlich nur wissen, wo du anfangen sollst zu suchen. Dann ist die Frage auch sinnvoll beantwortbar. Aber eigentlich erübrigt sich die Frage, und du gehst gleich über zur nächsten: "Was tu ich jetzt, damit sich mein Wunsch erfüllt?"

Stelle diese Frage deinem Engel, und er wird dir den Weg zeigen. Das ganze Leben steht in seinem Dienst, und er bildet dich aus. Darum sind die Dinge, die dir ab jetzt widerfahren, seine Angebote, mit der Sache zu beginnen. Klar ist, dass dein Wunsch "in Einklang" mit deiner Seele sein muss; Einklang spürst du daran, dass du innerlich keine Gewalt anwendest.

Dein Ziel, da wir von Heilung sprechen, könnte also lauten:

Ich möchte heil sein.

Oder:

Ich möchte ein Heiler sein.

Sag nicht, “wovon” heil oder “für wen” ein Heiler. Sag lieber wozu:

Ich möchte heil sein und das Leben in vollen Zügen genießen.

Oder:

Ich möchte heil sein und mit viel Kraft eine große Schriftstellerin werden.

Beziehungsweise:

Ich möchte Heiler sein, um die Kraft, die ich in meinen Händen spüre, einzusetzen.

Oder:

Ich möchte Heiler sein und so meine Bestimmung ergründen.

Heilerengel

Nachdem ich im Jahr 2004 ein Buch über Schutzengel veröffentlicht habe, begann ich, die Lichtwesen überall und äußerst zahlreich zu sehen. Zuvor hatte ich hauptsächlich meinen eigenen inneren Lehrer wahrgenommen und habe indirekt erkannt, wie er auch in anderen wirkte. Etwa einen Monat nach Drucklegung nun saß ich in meinem Wohnzimmer und schaute von der Couch auf. Da war der Raum voll von Lichtgestalten. Engel, die in verschiedene Richtungen schauten, und etwas Goldenes glänzte an den Schultern eines jeden von ihnen. So begann es.

Das Sehen der inneren Wirklichkeit wird oft missverstanden. Es ist verwandt mit der Vorstellungskraft, und viele Anleitungen benutzen sie, um zum Sehen zu gelangen. Aber dass es nicht dasselbe ist, weißt du spätestens dann, wenn du etwas Unerwartetes siehst. Und das war unerwartet. Obwohl ich so lange über Engel geschrieben hatte, hatte ich dabei hauptsächlich den einen, meinen eigenen, vor Augen - nun sah ich viele. Und sie sahen auch fast so aus, wie man sich Engel landläufig vorstellt.

Sie blieben etwa eine Stunde. Aber von da an sah ich sie überall: Engel hinter Menschen, Engel bei Häusern, Engel untereinander.

Im Folgenden gebrauche ich die Begriffe Schutzengel, Engel, innerer Meister und innerer Lehrer synonym. Ich meine die spirituellen Wesen, die für uns persönlich da sind. Über die großen in der Bibel erwähnten Gestalten wie Gabriel und Raphael weiß ich nichts, auch nichts über die geflügelten Kinder, als die Engel oft dargestellt werden.

Dass die persönlichen Begleiter jedoch wirklich existent sind, haben sie mir bewiesen. Sie sind hier gemeint.

Ich begleitete einmal eine Freundin, die zu einer Therapeutin ging. Die Sitzung begann, und mein Schutzengel sagte: "Jetzt pass gut auf."

Während die Therapeutin zu arbeiten begann, erkannte ich nacheinander vier Engel, die da durch sie wirkten. Ein Engel der Heilung flüsterte ihr ein, was sie am besten sagen könnte. Ein Engel stand mit erhobenen Armen und hielt einen Lichtfluss vom Himmel in ihre Praxis

aufrecht. Ein Engel war zwischen Klientin und Heilerin immer hin und her unterwegs, und ein weiterer stand etwas abseits.

Der Engel der Heilung sagte etwas, ich konnte nicht hören was, und die Therapeutin zögerte. "Jetzt hat sie Angst, etwas Falsches zu tun", erklärte mir mein Schutzengel, "darum zögert sie. Das ist nämlich ihr Dämon: Angst, etwas falsch zu machen." Der Engel der Heilung stand mit unendlich geduldigem Wesen da und ließ - so nehme ich an - beruhigende Frequenzen durch die Therapeutin strömen. Das dauerte kaum 5 Sekunden. Dann führte sie das Gespräch fort. Als sie die Heilungssitzung schließlich abschloss, war selbst ich als Zeuge tief berührt.

Während der 90 Minuten hatte der Engel, der am größten aussah, still dagestanden, in einer unbewegten Geste die Arme zum Himmel gestreckt und einen regenbogenfarbenen Lichtstrom von großer Breite in den Raum geleitet.

"So bereiten sie den Raum vor. Es ist nicht egal, wo etwas stattfindet. Dieser Raum ist geweiht, weil sich die Heilerin entschieden hat, hier Therapie zu machen. Die Engel haben sich eingefunden und bauen zusammen mit ihrer menschlichen Botschafterin daran."

Dämonen

Meinen ersten Dämon sah ich auf einem Workshop über spirituelles Wachstum. Hinter vielen Teilnehmern sah ich ihre Engel, manche hatten bis zu vier. Wie ein Kind freute ich mich und zeigte innerlich auf die, die ich erkannte, und mein innerer Lehrer nickte. Hinter einer Teilnehmerin stand jemand Dunkles. "Was ist das?", fragte ich. "Das ist ein Dämon. Beobachte und lerne."

Der Dämon ging mehrfach um den Kreis aus Stühlen herum, wie um einen möglichen Einlass bei den anderen Teilnehmern zu finden. Die Teilnehmerin, zu der er gehörte, sprach von den Wortbegriffen her spirituell, vom Sinn aber beengend und unfrei. Mir gefiel nicht, was sie sagte. Zudem hatte sie die Fähigkeit, aus allem Interessanten die Lebendigkeit zu nehmen, nur durch Kommentare wie "ja, das ist ja ganz schön", "na, das ist doch nett" oder "na siehst du, wie Gott dir da geholfen hat".

In den Wochen danach zeigte er mir, wie Dämonen entstehen und wie man mit ihnen umgeht. Dies ist die Essenz:

Ein Engel ist ein Ratgeber,
der dich zum Guten führt.
Ein Dämon ist eine Funktion
zu deinem inneren Schutz.

Als etwas Schlimmes geschah, meldete sich (bildlich gesprochen) ein Teil deiner Psyche freiwillig, um von nun an dafür zu sorgen, dass genau diese eine Verletzung nie wieder passieren kann. Der Engel leitet dich zum Guten, der Dämon verhindert eine exakt definierte schlimme Erfahrung. Dazu ist ihm jedes Mittel recht.

Der Engel ist real; der Dämon, wie ich ihn jetzt beschreibe, ist ein Bild, die Verdeutlichung einer psychischen Schutzfunktion.

Es gibt Menschen, die sehr großes Mitleid erregen, weil sie sehr leiden. Und dann lernt man sie eines Tages von einer anderen Seite kennen und staunt, wie schonungslos sie mit anderen umgehen können. Das ist der Dämon, der nur den einen Zweck kennt, die eine schlimme Erfahrung, sagen wir beispielsweise, durch ein spitzes Wort gedemütigt zu werden, zu verhindern. Er nimmt dafür in Kauf, dass anderen wehgetan wird und dass der Mensch, dem er eigentlich dienen will, vereinsamt.

Aber das Schlimmste ist, dass durch die Vermeidung einer Sache sehr viel Lebensenergie gebunden wird. Die Entwicklung des Menschen stockt. Die Fixierung auf den alten Schmerz und seine Vermeidung ruft alle möglichen Nebenwirkungen hervor. Vor allem nimmt sie die Abenteuerlust und die Experimentierfreude aus dem Leben. Kreativität ist aber der göttliche Funke und dadurch der Sinn im Leben. Ohne die Freude, immer wieder Neues zu erschaffen, erkaltet es.

Ein Dämon ist ein dunkler Helfer. Er richtet Schlimmes an, weil er etwas zu vermeiden versucht. Dies ist seine Programmierung: Etwas Schlimmes darf nicht noch einmal geschehen. Was man im Sinn hat, das geschieht: Wachstum im Sinn bringt Wachsen hervor. Abwehr im Sinn bringt Stillstand hervor.

In einer schamanischen Sitzung fragte ich meinen Klienten: "Siehst du den Dämon?" Er saß an einem bestimmten Punkt im Hals, auf den ich meinen Finger legte. "Es sieht aus wie eine Mauer aus Lebensenergie, die schwarz geworden ist. Sag den einzelnen Bestandteilen dieser

Mauer: 'Danke, ihr habt mir gut gedient. Nun brauche ich euch hier nicht mehr. Geht zurück zu euren Familien und dient mir weiter im Guten.'" Der Klient sagte dies, und die Mauer löste sich langsam auf.

Man kann es sich vorstellen, als sei die Mauer aus Blutkörperchen oder Körperzellen gebildet, die an anderer Stelle im Körper eine positive Funktion erfüllen können, sobald die Abwehrmaßnahme nicht mehr nötig ist. Der Geist der Mauer aber, sozusagen der Befehlshaber der Armee, ist der Dämon.

Der Dämon ist kein Wesen, sondern eine Denkweise. Zu ihm ließ ich sagen: "Ich danke dir für deinen Dienst. Du hast verhindert, dass ich noch einmal diesen Schmerz erleide, und du hast es gut getan. Ich möchte nun vorangehen, und unser bisheriger Vertrag steht mir dabei im Weg. Bitte, da du viel über Partnerschaft weißt (sein Dämon wollte verhindern, dass er noch einmal von einer Frau verlassen würde), möchtest du nicht in meinen Rat kommen? Ich möchte, dass du mir von nun an hilfst, eine Partnerin zu finden und mit ihr dauerhaft glücklich zu sein."

Der Dämon stimmte dem zu. Das ist der Weg, der zur Heilung eines Dämons nötig ist: Er führt über das Danken.

Wer versucht, einen Dämon auszutreiben, zu bekämpfen oder anzuklagen, wird auf erbitterten Widerstand stoßen, denn Widerstehen ist ja seine eine und einzige Aufgabe. Wird er von seiner Abwehraufgabe entbunden, kann er zu einer guten Kraft werden, davon bin ich überzeugt. Der Dämon, der ja ein Irrtum der Psyche ist, hatte Energie gebündelt. Diese steht nun dem Organismus wieder in neutraler Weise zur Verfügung.

Alles geschieht aus Liebe. Wenn du also seinen Einsatz würdigst, wird der Dämon meist bereit sein, dir auf eine andere Weise zu dienen, und wenn er nicht mehr widerstehen muss, dann kann er dich voranbringen. Dies nützt natürlich nichts, wenn du nicht selbst die Entscheidung getroffen hast, gesund sein zu wollen. Gesundheit bedeutet in diesem Fall: Ich fahre auf dem Fluss des Lebens und nehme, was er mir bringt. Jede Biegung, jedes Wildwasser, jede Geschwindigkeit und auch gelegentliches Kentern mache ich gerne mit.

Soll eine Erfahrung um jeden Preis verhindert werde, z.B. Verlassenwerden oder Armut, so kommt das gesamte Projekt "Leben" ins Stocken, und dein Boot wird langsamer.

Wenn ich von Dämonen spreche, gilt im Grunde dasselbe, was ich über Engel gesagt habe. Es ist für den gesunden, normalen, spirituell starken Menschen mit Unterscheidungsvermögen gedacht. Weder habe ich je einen der gigantischen Erzengel getroffen, noch jene finsteren bösen Wesen, die den Menschen vernichten wollen. Ich weiß nicht, ob es sie gibt.

Ich denke aber, man muss das nicht herauszufinden suchen - wir sollten besser in unseren Kreisen bleiben. "Meine Engel" sind die persönlichen inneren Lehrer, die uns an die Seite gestellt werden - wirkliche Wesen und stets zu einem guten Wort bereit; und "meine Dämonen" ließen sich immer auf ein Missverständnis zurückführen: Ein Teil der Psyche des Klienten versuchte, etwas um jeden Preis zu verhindern - und ein Dämon war geboren. Schwere psychiatrische Fälle und solche von albtraumhafter Besessenheit sind also nicht Gegenstand dieses Buchs.

Das Ausleiten

Die bereits erwähnte Basisübung des Heilers ist Ausleiten. Sie geht ganz einfach:

Während du mit den Energien eines Klienten in Kontakt kommst, hältst du deine Füße flach auf dem Boden und leitest durch sie alle Energien zu Mutter Erde. Du darfst nichts zurückbehalten, wohl aber etwas von deinen eigenen Unreinheiten mit in den Strom geben.

Eine Freundin hat daraus eine Meditationstechnik gemacht. Sie benutzt sie als Auftakt zum abendlichen Gespräch mit ihrem Engel. Ich bat sie, ihre Form des Ausleitens zu beschreiben, und sie schrieb:

- Man kann sie jederzeit und überall ausführen, im Sitzen, im Stehen und im Liegen.

- Wichtig ist, dass beide Beine am Boden sind - oder im Liegen die Hände auf der Matratze oder auf dem Boden.

- Zuerst kommt man zur Ruhe, achtet auf den Atem. Dann werden alle negativen Energien, die sich angesammelt haben, durch Hände/Füße ausgeleitet.

- Spüre den Strom, der unablässig durch deinen Körper fließt und hier seinen Auslass zu Mutter Erde findet.

- Hole dir den Gedanken oder die Situation, die dich bedrückt, her und versuche, diese durch die Hände/Füße zu schieben - und sie somit der Erde zurückzugeben.

- Ausleiten ist wie Ausmisten. Alles, was uns nicht gut tut, geben wir wieder ab.

- Selbst Schmerzen, Kummer, Traurigkeit, schlechte Gedanken und Wut etc. kann man ausleiten. So schafft man sich wieder klare Gedanken.

So wie die Existenz eines Dämons auf einem Missverständnis beruht, er selbst aber aus Liebe handelt, so gibt es auch im Grunde keine schlechten Energien, aber durchaus solche, die nicht an ihrem Platz sind. Die Energien, die du beim Ausleiten in den Boden zur Erde gibst, sind darum keine schlechten Energien, noch müsstest du prüfen, ob du vielleicht nicht etwas Wertvolles weggibst. Wir leben in einer Überfülle von Liebe und Energie. Sie strömen ständig über die Fontanelle (den Punkt auf deinem Scheitel) nach. Es ist, als schickt der Himmel seiner Geliebten Erde seine Liebe, und wir, der Mensch, sind der Mittler.

Wir leben von dieser Energie. So wie wir Luft atmen, nehmen wir sie herein und geben sie aus. Wir haben, wenn wir gesund sind, niemals zu viel oder zu wenig davon.

Ein Zuwenig an Lebenskraft führt zu Schwäche und einer bestimmten Art von Depressionen, ein Zuviel führt zum Beispiel zu Kopfschmerzen. So kannst du als Heiler Kopfschmerzen behandeln:

> Der Klient sitzt auf dem Stuhl und hat die Füße auf dem Boden. Du stehst hinter ihm.
>
> Sag ihm, er soll spüren, wie Licht zu seinem Scheitelpunkt hineinfließt, durch den ganzen Körper fließt und alles ernährt, und wie die Kraft den Körper durch die Füße wieder verlässt und in den Boden fließt. Das kann ein prickelndes Gefühl sein, oder ein strömendes.

Du stellst dich hinter den Klienten. Spüre du auch selbst die Verbindung deiner Füße mit der Erde: Durch die Schuhe, durch den Teppichboden, durch den Boden des Hauses und allem, was dazwischen liegt, bist du direkt mit Mutter Erde verbunden. Und spüre den Lichtstrom, der Kraft vom Himmel in deinen Scheitelpunkt leitet.

Es kann sein, dass während der Behandlung die Kraft in deine Hände fließt. Lenke sie nicht, aber führe deine Hände dorthin, wohin die Kraft sie lenkt. Ansonsten legst du deine Fingerspitzen auf die Stelle am Kopf, die schmerzt, auf die Schläfen zum Beispiel oder auf die Stellen über den Augen. Wenn Kraft durch dich hindurchfließt, leite sie ein. Und tu dies sanft ohne jede Anstrengung und mit viel Demut.

Halte dir das Bild vor Augen, wie ein steckengebliebener Kanal wieder in Fluss kommt. Denn dies ist für Kopfschmerzen die häufigste Ursache. Der Klient darf sagen, was er während der Berührung, die einige Minuten in Schweigen dauern kann, empfindet oder sieht. Auch wirst du vielleicht Bilder dessen sehen, was es war, das diesen Fluss blockiert hat. Häufig ist es eine Angst oder das Bedürfnis, etwas besser zu machen oder etwas zu verbessern, was den Menschen dazu bringt, krampfhaft festzuhalten.

Nun kannst du entweder die überschüssige Kraft ableiten oder die Blockade lösen. Deine Berührung und die Kontemplation des Klienten entspannen die betreffenden Muskeln zusätzlich, und die überschüssige Kraft fließt wieder durch den Körper. Halte den Klienten an nachzuspüren, wie die Kraft ihren Weg durch seinen Körper nimmt und wie sie schließlich zu seinen Füßen in den Boden fließt und dabei alle Schlacken und Missverständnisse mitnimmt. In der Erde werden sie neu angeordnet, sortiert und umgewandelt.

Du läufst während dieser Behandlung Gefahr, etwas von den Problemen deines Klienten zu übernehmen. Darum ist deine eigene Erdung das Wichtigste an der Übung. Spüre die ganze Zeit, wie du verwurzelt bist und jede fremde Energie sofort hinausfließt.

Spüre deinen eigenen Lichtstrom, der zu deiner Fontanelle in dich hineinfließt und dich während der Heilbehandlung durchströmt. Nur wenig, wenn überhaupt etwas davon, fließt in den Klienten. Der große Rest reinigt dich und macht dich zu einem absichtslosen, demütigen Werkzeug. Es spült die Probleme und Missverständnisse, von denen du etwas übernommen haben könntest, aus dir heraus. Und du wirfst von deinen eigenen Schlacken auch noch etwas in diesen Fluss, der durch deine Füße in den Boden geht.

Es sind also zwei Licht- und Kraftflüsse, mit denen du gleichzeitig arbeitest: der deines Klienten und dein eigener. Sie sollten im Allgemeinen nicht vermischt werden.

Heilergruppen

Es gibt drei Gruppen von Heilern. Die erste Gruppe, dazu gehören viele Psychologen und die Mehrzahl der Handaufleger, nehmen die Schlacken des Klienten in sich auf und behalten sie. Der Klient spürt Erleichterung, und der Heiler erzielt einen Erfolg, aber um welchen Preis! Je nach Konstitution dauert es länger oder kürzer, aber der Tag wird kommen, an dem er so krank ist, dass er nicht mehr weitermachen kann.

Die zweite Gruppe von Heilern versucht intuitiv, dies zu vermeiden, und schottet sich ab. Die Krankheit des Klienten wird mit Widerwillen betrachtet und soll nicht so nah an sie herankommen. Dies finden wir oft unter Medizinern und auch unter Psychologen. Viele sehr feinfühlige Menschen sind darunter. Sie haben diese Methode der Abschottung aus der Not heraus gewählt, als sie erkannt haben, dass Mitgefühl sie zerstören würde. Einige tun es sogar aus Liebe zu ihren Klienten, denn nur auf diese Weise können sie weiterhin für sie da sein.

Wenn du das Ausleiten praktizierst, kannst du zu einer dritten Gruppe gehören, die den Menschen innerlich berühren kann und mit ihm fühlen kann, jedoch nichts von seinen Problemen zurückbehält, sondern sie sofort etwas Größerem übergibt. Das ist die Kunst des Ausleitens - du bist in etwas Größeres eingebunden. Während du die Probleme des Klienten berührst, gibst du sie und auch etwas von deiner eigenen Unordnung in den großen Fluss und bleibst losgelöst und frei. Ein Heiler darf nur heilen, wenn er selbst unbeschadet daraus hervorgehen kann.

Mitleid

Mitleid kränkt den Bemitleideten und belastet den, der es empfindet. Das Ergebnis sind Unwillen, Schwäche und Enttäuschung. Eine gewisse Empathie, das heißt das gefühlsmäßige Erfassen dessen, wo der Klient steht, ist für den Heiler unverzichtbar. Auch gute Freundschaft, Partnerschaft und Liebe bauen auf diese Empathie. Damit Mitfühlen (= Verstehen) nicht in Mitleiden (= Bedauern) umschlägt, praktiziere diese ganz einfache Übung:

> Stell dir dein Gegenüber als noch nicht verkörperte Seele vor. In der himmlischen Welt koordiniert sie gerade die letzten Vorbereitungen für ihr nächstes großes Abenteuer. Sie weiß genau, was sie erreichen und erfahren will und welche Rahmenbedingungen sie dafür braucht. Du siehst ihr Licht und ihre Größe und verneigst dich davor. Später, wenn du ihr im menschlichen Körper gegenübersitzt, gibt es wenig, was du ihr sagen

kannst. Vielleicht, dass du ihre Würde siehst. Und ihren Mut. Und dass du sie liebst. Das ist Achtung.

Mitleid kann, wenn es dich überkommt, ebenfalls zu den Füßen ausgeleitet werden.

Erfahrung

Ein alter Hase ist ein Mensch, der Erfahrung hat. Im Idealfall hat er sie auch verarbeitet und zu einem guten Ergebnis geführt. Ein gutes Ergebnis ist das Wissen, wie er den Dingen des Lebens bis zu ihrem Ende folgt, denn am Ende jeder Erfahrung liegt Liebe. Abgebrochene Erfahrungen sind Schmerzen, die ohne Nutzen geblieben sind - wird der Tanz schließlich aber doch noch bis zu seinem letzten Schritt ausgeführt, egal wie verspätet, egal wie wacklig, schließt sich der Kreis, und er führt dich über zu etwas Gutem. Dies ist das Gesetz des Klangs - das Gesetz des Einklangs, des Gleichklangs und der Harmonie.

Die schlimmsten Erlebnisse bergen die tiefste Nähe zu Gott in sich. Natürlich sollten wir solche Erlebnisse nicht extra herbeiführen. Der an Herz und Seele gesunde Mensch richtet sein Leben so behaglich und harmonisch ein, wie es geht. Er liebt seine Freunde und Familie, findet zu Hause Ruhe und in seiner Beschäftigung Anregung. Mit solch einer Ausrichtung stehst du stabil im Leben. Wenn Gott dir dann einen kräftigen Wind ins Gesicht bläst, kann er sicher sein, dass sein liebes Kind nicht wie ein panisches Huhn kopflos umherläuft. Vielmehr werden deine Bewegungen sachbezogen, vernünftig und sparsam sein, mit einem Wort: wirksam. Du wirst Hilfe suchen, wo du auch welche erwarten kannst, du wirst Zeiten der Leere aushalten, auch wenn diese Zeiten meist viel zu lang wirken. Du wirst eine klare Zone in deinem Kopf behalten, in der du weißt: Auch was unüberwindbar scheint, geht vorbei.

Gerade wenn der Schmerz wie festgebacken wirkt, genügt es, dein Bewusstsein ein paar Mal sanft hin und her zu biegen, dann bröckelt er ab. Das ist alles nicht für die Ewigkeit gemacht, weißt du, darum gewöhne dir an, den Tanz vertrauensvoll zu Ende zu bringen, die anmutigen Figuren zu ehren, indem du sie zu Ende tanzt.

Wer keinen Partner findet, hat oft dieses Problem: Eine frühere wichtige Beziehung ging abrupt zu Ende; es gab keine gute Aussprache am Schluss; und dein Ex-Partner mag glauben, er müsse, um nicht mehr zu lieben, jetzt verachten oder verschwinden. Bring es zu Ende; durchschreite den Schmerz mit offenen Sinnen, sei ein Sonnenkollektor und fang jede kleine Schwingung auf, merk sie dir gut. Durchschreite die Wut, die Angst allein zu sein, die Resignation; dreh deine Pirouetten, betrachte deine vielfältigen, widersprüchlichen Gefühle, wie sie zusammengenommen ein reiches Spektrum ergeben.

So führst du die letzten Schritte aus, um eine vielleicht lang zurückliegende Beziehung, vielleicht deine erste, denn das ist oft die wichtigste, würdig abzuschließen.

Vielleicht schreibst du dem, den du liebtest, einen Brief. Berichte ihm von all den Schmerzen und wohin sie dich gebracht haben. Erzähle ihm, wie du zuerst dein Herz seinetwegen hart werden ließt, wie du später aber auch Schönes entdeckt hast. Du bist freier geworden, mehr du selbst, aber auch einsam geblieben, denn ein Teil von dir, der grade nicht mit Entdecken oder Hassen beschäftigt ist, ein tiefer Kern, liebt ihn immer noch.

Traummann, Traumfrau zu verschenken

Wenn es eine Möglichkeit gibt, dass deine ehemalige Liebe den Brief gut aufnehmen wird, schick ihn ab. Ansonsten ist es vollkommen OK, wenn du ihn nur für dich schreibst. In der Seele kommen die Worte an. Sie müssen aber formuliert werden, sonst bleiben die Gedanken ein Nebel und werden nicht wirksam. Du kannst den Brief verbrennen, vergraben, als Flaschenpost in die Elbe werfen oder ihm schicken ... aber wisse: Jetzt, wo es gesagt ist, und jetzt, wo *alles* gesagt wurde, darf es gut sein. Du brauchst nichts mehr. Du bist im Einklang.

Hol dir jetzt deinen Seelenteil zurück, den du ihm geschenkt (geliehen) hast. Die Frau verschenkt ihren Mars, der Mann seine Venus an den geliebten Partner. Oft geschieht dies schon, wenn du dich unglücklich verliebst. Und viele vergessen, sich den Traummann oder die Traumfrau nach der Abweisung wieder zurückzuholen.

Das ist so: Sagen wir, du bist eine (heterosexuelle, also "normale") Frau. Dann gibst du automatisch und ganz unbewusst deinen Mars, deinen inneren Traummann, an den, in den du dich verliebst. Uh, jetzt bist du erst recht unvollständig und musst, und sei's um den Preis deines Lebens, diesen Jungen oder diesen Mann haben, du willst dich mit ihm vereinigen, um dich komplett zu fühlen.

Jeder Blick, jede Geste scheint dir so aufregend und so vertraut zugleich. Die Hälfte ist er selbst, die andere ist dein Traummann. Und der Junge oder der Mann, er verkörpert all dies - Kunststück, er hat ja etwas von dir bekommen, das ihn stärkt. Was könnte er jetzt noch tun, das nicht schön, liebens- und begehrenswert auf dich wirkt?

Das ist das Wunder der Verliebtheit. Den Jungen, der deinen Mars empfangen hat, stärkt das, wenn die beiden sich einigermaßen ähnlich sind. Wenn du zu einem schmächtigen Männlein sagst: "Du bist so stark, muskulös und männlich", dann spürt er natürlich, dass hier die Projektion ganz an ihm vorbeigeht, und er fühlt sich nicht gesehen. Stimmen aber die beiden überein, dann tut es ihm gut, macht ihn kraftvoll, ehrt ihn... Es macht ihn im besten Fall selbst verliebt, so dass er dir seine Venus überträgt, und das macht wiederum dich unsagbar begehrenswert für ihn.

Verliebtheit endet, und mit ihr manche Beziehung. Wenn sie im Gleichklang endet und ihr den Tanz nicht abrupt abbrecht ("ich will dir nicht wehtun, darum mach ich's kurz: Es ist aus, ruf mich nie wieder an"), sondern ihn ausklingen lasst ("ich bin nicht mehr verliebt; es tut mir Leid; aber ich bin für dich da, wenn du reden willst, wirklich für dich da"), dann kehren Traummann und Traumfrau, Mars und Venus, eines Nachts leise zu ihren Besitzern zurück. Die beiden werden sozusagen nur verliehen, nicht endgültig weggeschenkt.

Der Schmerz
Ich wollte dich lieben, so ganz.
Du blühtest auf unter meiner Berührung,
dein Herz schlug im Takt, pumpte Blut,
viel mehr als sonst in die Haut.
Du leuchtetest rot, rosa,
strahltest die Lust auf mich aus.
Ich fühlte mich so begehrt,
doch jetzt ist es aus.

Deine Stimme war weich, zart und milde,
drei Halbtöne höher als sonst,
wir formten uns nach unsrem Bilde,
das weiß ich erst jetzt - keine Kunst.

Doch so belebt war ich nie,
ich hab nur noch dich eingeatmet,
wir flogen so hoch, bis ich fiel
und lag nun am Boden, zerstört.

Blutend aus tiefen Wunden
werf ich dir vor, dass du mich
nicht gehalten hast und nun zerschunden
liegen lässt und einfach gehst?

Zwei Vögel fliegen am Himmel,
sie sind sich mal näher, mal nicht.
Sie hören kaum noch die Stimme,
die warnt, vergiss dich selbst dabei nicht.

Da kommen sich die Flügel zu nahe,
die Seele schlägt aus ihrem Takt,
der eine konnt grad sich noch fangen
und schlägt nur auf den Asphalt.

Der andre schlägt außer Takt weiter,
sieht fassungslos zu, was geschieht,
das Bild, es wird immer kleiner,
die Angst immer größer, es zieht –

es zieht die Erde am Himmel,
denn in Wahrheit geht Fliegen ja nicht?
Ich höre genau diese Stimme,
die warnt, vergiss dich selbst dabei nicht.

Ich schaue traurig zurück
auf so viele Stürze und Fälle.
Mal warst du "schuld", mal ich,
Ohnmacht tritt an diese Stelle.

Am Ende schau ich auf die Ferne,
wo du doch sein müsstest mit mir,
und plötzlich kommt von dir mit Wärme:
"Ein Stückchen von mir bleibt bei dir."

Mars und Venus und zurück

Der verliehene Seelenteil kommt oft nicht mehr zurück. Vor allem, wenn die Beziehung plötzlich und abrupt beendet wird, anstatt auszuklingen, fehlt der Seele die Gelegenheit, die letzte Note noch nachhallen zu lassen und die letzte Bewegung zu tun. Sie friert hier praktisch ein. Oft geschieht das, wenn einer der Partner per Verstandesentscheidung die Beziehung beendet.

Es sind deine Emotionen, die verstört sind. Deinem inneren Kind haben die Großen (der Verstand) ihre Entscheidungen nicht erläutert und ihm nicht genügend Zeit gelassen, sie zu verstehen. Ihm fehlt etwas, und das ist nicht der Ex-Partner, sondern der Gleichklang mit ihm. Denn wenn einer geht, sind in Wahrheit beide im Tiefen ihrer Seele schon einig darüber, dass dies geschieht. Falsche Fürsorge, Verstandesabruption und eine Menge anderer Knoten in der Ausführung verursachen dann den weit verbreiteten Trennungsschmerz. Eine gut getane

Trennung kommt mit wenig Schmerz aus und lässt viel Achtung und eine neue Art der Liebe zurück.

Nun ist bei deiner ersten großen Liebe, dem Jungen aus deiner Klasse, als ihr beide 15 wart, noch dein Mars. Er hatte dich rüde zurückgewiesen, aber irgendwie konnte danach kein Mann mehr so richtig bei dir landen. Außer vielleicht noch Marc mit 21, aber danach warst du wie leer und hast dich eben auf Beziehungen eingelassen ... Mit fliegenden Fahnen und einer Schmetterlingskohorte im Bauch hatte das aber nichts mehr zu tun. Und die Jungs, die sich seitdem in dich verliebt haben, die hast du wie durch einen Nebel wahrgenommen, du konntest sie nicht verstehen oder fühlen.

So schließt du jetzt die Augen und besuchst deinen 15-jährigen Prinzen, der die verkappte Kröte war. Sag ihm: "Schau, ich hatte mich mächtig in dich verliebt (wie junge Mädchen das so tun). Bitte, gibst du mir jetzt meinen inneren Traummann zurück?" Und er wird, denn als Seele sind wir alle in Güte verbunden, wie Roboter Bender in Futurama seine Bauchklappe öffnen und dir die leuchtende Kugel zurückgeben, die die Energie deines Traumprinzen enthält. Drück ihm zum Dank einen Kuss auf die Wange und spür, wie dieser Kuss nicht mehr sehnsüchtig ist. Denn du bist nun komplett.

Auf dem Rückweg deiner Zeitreise hältst du noch kurz 6 Jahre später und gehst zu Marc. Mit ihm kannst du vielleicht etwas länger sprechen (du bist immer noch in der Meditation, wo alles möglich ist - sogar ein gutes Gespräch mit Marc). Über was so alles war, "und da fällt mir ein, du hast noch ein bisschen von meinem Mars. Und ich glaub, ich hab hier noch ein bisschen von deiner Venus." Und in Liebe und Achtung tauscht ihr aus, was dem jeweils anderen gehört.

Zu Hause angekommen, beendest du deine meditative Reise. Das heißt, noch nicht ganz. Spüre nach, wie sich Mars und Venus, deine innere Frau, die sich in dir stets gesehnt hat, und dein innerer Traummann, den du, um ihn zu treffen, an andere übertragen hast, sich nun in den Armen liegen und endlich Erfüllung finden. Trinke diese Erfüllung, lass sie dein ausgetrocknetes Herz bewässern, und schau, wie da wieder alle Arten von Blumen sprießen.

Du darfst deinen Mars, deinen Traummann, wieder verleihen. Von nun an weißt du, wie es geht. Du kannst dafür sorgen, dass er bei einem guten Mann ist, der dich lieben will und kann, und du kannst ihn zurückerbitten, zurückholen (das geht ganz und gar im Innern, in deiner Meditation), wenn sich die Beziehung als schädlich, schmerzhaft oder abhängig herausstellt.

Weil du innerlich ganz bist, musst du nie wieder eine abhängige Liebe eingehen.

Und etwas bleibt von jeder Beziehung, die du je hattest. Sie haben dein Herz geprägt mit Erfahrung und dich zu einem alten Hasen gemacht. Das ist wirklich viel wert. Und die schönen Momente bleiben wahr. Auch wenn sie aus menschlicher Betrachtung wegen des Zeitspurempfindens[1] nun hinter dir liegen.

Für Männer gilt dasselbe natürlich umgekehrt: Sie vergeben ihre Venus, und ihr Verlust kann genauso schmerzhaft sein.

Es kommt auch vor, dass ein Mann seinen Mars überträgt oder eine Frau ihre Venus, obwohl sie nicht homosexuell sind. Ich nehme an, es handelt sich hierbei um eine Vermeidungsstrategie oder um einen Ausweg: entweder soll Schmerz vermieden werden, oder der eigentliche Seelenteil ist noch nicht wieder zurück, der Mensch möchte sich aber wieder neu verlieben können. Dann entsteht eine ungleichgewichtige Paarbeziehung. Wenn du so etwas tust, frage dich nach den Gründen. Hier könnte der Schlüssel zur Heilung eines ganzen Kummerkomplexes liegen.

Echtheitsbasierte Freiheit

Wie wir fürs Heilsein ein Fundament schaffen können, indem wir die Wirklichkeit mit offenen Augen durchschreiten, so gibt es auch für die Freiheit ein Fundament, das wir zuvor erlangen müssen. Beschäftigst du dich mit spirituellem Heilen, wird dir der Unterschied zwischen eingebildeter Freiheit und tatsächlicher Freiheit nicht fremd sein.

Ihr erster und wichtigster Baustein ist der Respekt vor dieser Welt, wie sie ist. Die Erde und die Gesellschaftsform, in die wir hineingeboren sind, die alltäglichen Herausforderungen und die politischen Probleme haben, verglichen mit unserem Selbst als Seele, zwar nur einen geringeren Realitätsgrad, aber wir tun gut daran, sie dennoch zu beachten und unseren Teil dazu beizutragen.

Stell dir vor, du wärst ein Schulkind, dessen Bestimmung es ist, einmal Architekt zu werden und besondere Häuser zu bauen. Der Mathelehrer gibt dir in der 3. Klasse lange Listen von Berechnungen, so genannte Päckchen, die wirklich keinem Zweck dienen - außer dir das kleine Einmaleins einzuprägen.

Weist du diese Aufgaben zurück, weil sie keine Realität haben - weil also aufgrund dieser Berechnungen niemals ein Haus gebaut werden wird -, dann wirst du es vielleicht schwer haben, überhaupt beim Beruf "Architekt" anzukommen.

Wenn du einmal an einer Aufgabe verzweifelst, erinnere dich daran: "Es ist nicht real; deine Entscheidungen werden so große Tragweite nicht haben, wie du jetzt vielleicht denkst. Dein Engel wird Fehlentscheidungen oft leicht revidieren können, damit du nicht unnötigen Kummer leidest. Und die anderen Beteiligten lenken das Boot ohnehin noch mit in ihre Richtung. Also hat alles keine so große Dramatik."

Aber sich gar nicht erst daran zu machen, weil es ja nicht göttlich sei, das ist ein großer Irrtum, wie er in esoterischen und stark religiös geprägten Kreisen zu oft begangen wird. Der Mensch weist dann die Welt als Ganzes zurück, weil sie ja nur Illusion ist.

Natürlich ist sie nur Illusion, aber eine uns von Gott vorgelegte. Darum sollten wir es gerade gut machen. Gott, der der Grundschullehrer mit der weltweit größten Liebe im Herzen ist, wird uns das Blatt mit den Rechenpäckchen wortlos wieder vorlegen, bis wir es einigermaßen richtig lösen.

Der Grundstein der Freiheit ist also Liebe für die physische Realität. Sorgfalt, ohne Anstrengung, im Lösen unserer täglichen Aufgaben, Anmut, ohne Angst, angesichts der weltweiten, großen Herausforderungen. Wir tragen unseren Teil bei, das wird geprüft und honoriert. Dass die anderen Schüler in jeder Generation aufs Neue diese Rechenpäckchen vorgelegt bekommen, daran lässt sich nichts ändern.

Geld ist Freiheit

Das ist Theorie. Praktisch nachvollziehbar wird es am Beispiel Geld. Wenn wir nicht ins Kloster gehen, müssen wir uns selbst versorgen. Gerade spirituelle Menschen möchten sich oft nicht einreihen in die Schlange jener, die das Goldene Kalb Mammon anbeten. Mein Engel nannte es einmal den letzten Überlebenden der alten Götter. Geld ist unser Gott geworden, und wir opfern es, damit er uns nicht straft.

Einen Teil unserer Zeit und Aufmerksamkeit zu opfern, ist notwendig, um Geld zu erlangen. Wer es geschickt macht, nutzt diese Zeit vielfältig für sich und andere. Ein Beruf als Kindergärtner (wenn Kindergärtnerei deine Berufung ist) macht dich froh und prägt, weil du ein leuchtender Mensch bist, den Kleinen das Besondere und Geborgene auf, das in deinen Augen liegt. Überhaupt sieht man es an deinen Augen, ob dein Beruf dem Mammon dient oder eigentlich der Liebe ... und nur vordergründig dem Geld.

Ich traf kürzlich eine Putzfrau, die erzählte, wie alle Anspannung des Tages von ihr abfällt, wenn sie abends putzen geht. Sie muss nicht freundlich tun, sich nicht verstellen, und in ihrer Stimme klang auch diese meditative Ruhe mit, die sich einstellte, sobald sie in Stille ihrer Arbeit nachgeht.

Ich hab schon wenig Geld verdient und mich dabei schlecht gefühlt und wenig verdient und mich wie ein König gefühlt; ich habe viel Geld mit Freude verdient und viel Geld nur gegen große Anspannung erhalten. Es gibt die "guten" Berufe in jeder Preislage; meist prüft das Leben von unten nach oben - ist der Mensch zu Demut bereit? Ist ihm mehr Herz wichtiger als mehr Geld? Wenn ja, bekommst du am Ende beides.

Daher ist auch Geld nichts Festes, sondern beugt sich den Gesetzen von Vorstellungskraft und Imagination. Was du dir gönnst, das kommt in dein Leben.

Mit zwei Ausnahmen:

1. Die Imagination deines Engels ist stärker - zuerst kommt also in dein Leben, was du brauchst, und sei es bittere Armut. Darum erkenne, wofür du diese Erfahrung brauchst, und lerne das Entsprechende

schnell. Es gibt keinen Grund, lange darauf herumzukauen. Dann ist der Weg frei. Gönne dir "ein gutes Einkommen", und schreib es dir auf deinen Wunschzettel.

2. Innerhalb dieser Welt musst du Geld nach seinen Gesetzen behandeln. Sonst bist du ein Fass ohne Boden und wirst nur von der Hand in den Mund leben können. Sofern du nicht gerade Mönch oder Asket sein willst, nenne ich dies einen zutiefst unfreien Zustand. Denn der, dem es immer mangelt, denkt viel öfter über Geld nach als der, der genug hat.

Einige der physischen Gesetze des Geldes lauten:

- Sei wirtschaftlich. Achte auf Preise, und kaufe nichts Überflüssiges.
- Achte das Geld. Es ist kein Teufel, sondern dein Diener.
- Schau, wo dir Geld nutzlos abfließt, und stelle das ab.
- Spende und verschenke nicht mehr, als du geben kannst. Wenn du mehr als zum Beispiel 15% deines Vermögens hergibst, willst du dich vielleicht von irgendwas freikaufen? Spenden wird vom Himmel belohnt, aber nur innerhalb eines vernünftigen Rahmens - nicht wenn es in Selbstboykott endet.

- Noch einmal: Denke nicht schlecht über Geld und Wohlstand. Ein Mensch kann beides haben und trotzdem - gerade deshalb - viel Gutes tun. Geld bleibt nicht bei denen, die es verachten.
- First things first: Niemand kann sich alle Wünsche erfüllen. Setze vernünftige Prioritäten. Am teuersten ist es, ein inneres Loch mit etwas Käuflichem füllen zu wollen.

Geld ist Freiheit, denn du kannst dir Zeit für dich selbst kaufen. Wer Geld im Hintergrund hat, kann selbstbewusster seinen Beruf auswählen. Und wer sich mal im Sonnenschein im Café einen Espresso leisten kann, gibt sich selbst und dem Cafébetreiber das Gefühl, dass das Leben es gut mit ihm meint.

Der Deckel

Dies führt also zurück zum Anfang. Erkenne ich die Wirklichkeit an, auch wenn sie nur von geringerer Natur ist, als mein letztendliches großes Wesen, die Seele? Wie gehe ich mit der weltlichen Wirklichkeit um? Der Ratschlag lautet: aufmerksam, achtsam, liebevoll, auch ein bisschen wirtschaftlich. Dabei im Hinterkopf behaltend: Das ist nur eine Übungsaufgabe - das hilft dir, dich nicht zu verbeißen.

Hast du als Heiler jemanden vor dir, der in die Wirklichkeit verbissen ist, kannst du ihm durch Handauflegen (Herz und Stirn; das Ausleiten nicht vergessen!) oft Linderung verschaffen. Stabilisiere dich gut, denn eine materielle, problemverwurzelte Sichtweise hat die Eigenschaft, magnetisch zu wirken... Irgendwann sagst du sonst mit schwerem Herzen: "Hm, das stimmt eigentlich." Es stimmt aber nicht, denn die problembasierte Sichtweise ist eine Illusion, ein Ort, über dem eine dichte

Wolke schwebt. Du leitest den Klienten an, geradeaus weiterzufliegen, und abrupt endet das überschattete Gebiet. Da ist der Himmel wieder klar. Es ist einfach, muss aber durchgeführt werden. Probleme wälzen hält ihn dagegen auf der Stelle. Also voran.

Viel schwieriger ist es, wenn dein Klient die wirkliche Welt verleugnet. Ich habe so viele Menschen getroffen, deren Blick weinte, deren Gesicht aber lächelte, und die sagten: "Seit ich diese oder jene Religion habe, habe ich keine Probleme mehr." Welch ein Irrtum!

In den heiligen Büchern steht stets etwas wie "Folgt mir nach, und ihr seid frei". Aber das Nachfolgen ist eine Bewegung der Seele, die nur ganz wenig mit einem Übertritt zu einer bestimmten Gruppe zu tun hat. Nachfolgen tun wir ja unserem inneren Lehrer. "Ihr seid frei" steht am Ende des Weges und bedeutet, nebenbei gesagt, zugleich "und in der Verantwortung". Denn die Freiheit, die ein Messias verspricht, ist die, in der wirklichen Welt anzukommen. Und da sind die Dinge nicht mehr nur ein Spiel oder ein Rechenpäckchen ohne Konsequenzen.

Mein Engel sagte: "Wenn du Meister bist und Gott dienst, bereist du Orte in der spirituellen Welt, zu denen andere niemals Zutritt haben. Aber, Jörg, das kostet. Es kostet Kraft und Verantwortung. Jetzt bist du ein Kind. Wenn du in die anderen Welten gehst, bist du da wie in Urlaub, ein Tourist. Sehr willkommen und beschützt. Genieße deine Kindheit."

Wenn wir von den Meistern lesen, möchten wir sofort sein wie sie. Jedoch, wozu? Es hat Zeit. Wirklich Zeit.

Dies ist also der raffinierteste Deckel, den du auf deine überkochenden Lektionen drücken kannst: zu sagen, ich hab das alles schon erreicht. Die spirituellen Studien eignen sich wie kaum etwas anderes dazu, sich am Ziel zu wähnen. Du erkennst es daran, dass sie - bei ehrlicher Betrachtung - trocken und blutleer geworden sind, sich nur noch um Äußerlichkeiten drehen oder um mystische Symbole, Namen und Rätsel, die in Wirklichkeit gar keine sind. Hier ist der funkelnde Lebensstrom der Spiritualität zum sumpfigen Rinnsal der Esoterik versickert.

Der Ausweg aus der esoterischen Sackgasse lautet übrigens: Schraube deine Ansprüche herunter. Klienten und Freunde erwarten manchmal von mir in meiner astrologischen Praxis, dass ich eine Art Hellseher sei; besonders verführt diese Erwartung, wenn sie als großes Lob mit viel Liebe vorgebracht wird. Wer spielt das gerne herunter? Aber allwissend ist niemand, auch nicht durch

Spiritualität. Es kann auch niemand Wunder wirken, auch kein Heiler. Und wenn doch einmal welche geschehen, dann sind sie nicht gewirkt worden, sondern geschehen. Gib dich so normal, wie es geht; strebe nach Vollkommenheit, aber sei so einfach und so wahrhaftig wie möglich. Das ist Meisterschaft, die erlöst.

Einfach

Als Heiler solltest du so oft wie nur möglich betonen, dass Heilung einfach zu erlangen ist. Ein Therapeut, der vor der ersten Sitzung prophezeit: “Es liegt ein langer Weg vor uns” ... sichert sein Einkommen? ... schützt den Klienten vor Hoffnungen? - Ich weiß es nicht. Aber auf jeden Fall nutzt er nicht das volle Spektrum des spirituellen Heilens, und zu dem gehören auch spontane Heilungen.

Der Heiler muss den Klienten immer größer sehen, als der Klient sich selber sieht. Wie sollte er sonst heilen? Größer heißt:

> *Ich sehe dich als spirituelles Licht, als Funke Gottes. Du warst mutig genug, dir eine Vielzahl von Aufgaben zuzumuten. Einige kannst du ohne Hilfe nicht lösen. Darum bist du jetzt hier.*
> *Danke dafür. Danke für dein Vertrauen und danke, dass du mich teilhaben lässt.*

Natürlich heißt es nicht, in die aufgestellten Fallen des Klienten zu tappen, wenn diese zum Beispiel Selbstüberschätzung oder Anmaßung heißen. Aber das ist dir ja sowieso schon klar.

Als Hilfesuchender sollte dir dasselbe klar sein. Du bist aus göttlicher Essenz. Irgendwie hast du dich von deinem brennenden Herzen, in dem Kraft und Glück maßlos lodern, entfernt. Sobald du den Zugang findest, und das kann in einem Augenblick geschehen, bist du heil und frei.

Eine kleine Falle, wie oben erwähnt, gibt es dabei: Wer behauptet, er hätte den Zugang geöffnet und sei jetzt (gefälligst) wieder in seiner vollen Lebenskraft, macht sich etwas vor. Seine Bemühungen, Freiheit zu simulieren, ein glückliches Gefühl herzustellen, eine zufriedene Aura zu synthetisieren, werden ihn nur noch mehr erschöpfen.

Überhaupt ist jedes "gemachte" Gefühl, und wenn du es aus den edelsten Gründen, meist für deine Lieben, herstellst, ein Energiefresser ohne Gleichen. Und Lüge hält dich immer von der Wahrheit fern, sie wird von anderen, gerade von Kindern, ohnedies sofort erkannt. Man erkennt es in der Seele und sagt oft nichts dazu. Aber langsam gesellt sich ein unechtes Attribut zum nächsten, und das gemeinsame Haus, der gemeinsame Arbeitsplatz wird zur Bühne für Schatten. Ihr seid dann die Schatten.

Heilung kann also sofort geschehen, aber nie ohne Wahrheit. Wahrheit ist nicht das brutale Verkünden angeblicher Realitäten ("du bist nun mal hässlich"), sondern der Einklang mit dem, was du in Wirklichkeit fühlst und wahrnimmst ("ich mag dich; aber ich empfinde auch Verbitterung. Ich weiß nicht, woher."). Überhaupt sind die wirklichen Gefühle meist vielfältig, manche sagen widersprüchlich, ich sage lieber reichhaltig, facettenreich. Hab keine Angst vor Widersprüchlichkeit in den Gefühlen; denn wo sie auftaucht, bist du nahe am Kern.

Über das sofortige Heilsein kann nicht viel gesagt werden. Ein Schriftsteller, der gefragt wurde, warum er nur über schlimme Ereignisse schreibe, antwortete: "Das Glück schreibt mit weißer Tinte." Trotzdem wolle er eines Tages auch einmal versuchen, einen Roman über das Glück zu verfassen.

Glück schreibt mit weißer Tinte. Das bedeutet, du hast nichts mehr zum Drübernachdenken, wenn du jetzt heil bist. Die nächste Therapiesitzung fällt auch aus, denn wenn du vollständig bist, gibt es nichts mehr zu graben. Möglicherweise müsstest du sie trotzdem noch bezahlen.

Bist du dazu bereit? Dann kannst du auch mit einem Lidschlag gesund sein.

Nicht dass das jedem gelänge. Nicht dass das jeder Seele Ziel ist. Nicht dass eine Psychotherapie über einige Monate nicht sanft und erkenntnisreich heilen könnte. Aber dein Therapeut muss wissen, mit wem er es zu tun hat: einem Funken Gottes. Wenn nicht, musst du es für ihn wissen. Die Kreativität, um Licht zu erschaffen, liegt in dir. So auch das Heilsein. Es ist manchmal eine Entscheidung.

Nicht weniger.

Einzig!

“Deine einzigartige Aufgabe” ist ganz eng damit verknüpft. Wer könnte jemals heil sein, wenn er sie nicht kennen würde? Nicht lebte? Nicht atmete und bejubelte?

Vielleicht wird es klarer, wenn ich es “deine Einzigartigkeit” nenne. Denn beides ist eins, muss eins sein, um dich vollkommen zu machen.

Du, der Lichtstrahl Gottes, der aus tausenden atomkleinen Sonnen sprüht und glitzert, dessen einzigartige Signatur surrt und singt - durch deine Schwingung, wie der Esoteriker sagt - , du bist der Schlüssel, um auch die Welt derer, die du liebst, vollkommen zu machen. Hier reihen sich Wunder an Wunder, aber auch Rätsel an Rätsel. Hast du mit Kindern zu tun? Deinen eigenen oder beruflich oder als liebe Omi aus der Nachbarschaft? Dann liest du an ihnen besonders ab, was du bist. Du kannst Wissen in ihre Welt bringen oder Geborgenheit oder Liebe. Du kannst ein Beispiel für Verständnis oder Mitgefühl sein.

Hast du mit Erwachsenen zu tun, ist es dasselbe. Bist du von Berufung Verleger oder Politiker, gibt es genau so eine Sache, die du der Welt - im Guten - aufprägst. Wissen, Verständnis, Religion, Vertrauen oder Neugier. Was immer du wecken, vertiefen, ausbauen kannst; es liegt in deiner Seele. Ohne anstrengendes Zutun fließt es von dir aus, und du bist sein Mittler. Vorausgesetzt, und das ist Bedingung, du bist im Einklang mit der Seele.

Nichts auslassen

Eigentlich ist Krankheit ja ein Abenteuer, ein Genuss. Sei es Liebeskummer oder Rechtschreibschwäche - was hier fehlt, ist anderswo doppelt für dich da. Bei den schweren Störungen ist das auch so, aber nicht so offensichtlich. Wer lange im Krankenhaus liegt, der entdecke sein 12. Haus, sagen die Astrologen. Das ist das Haus des Rückzugs und der Einkehr. Hilfreich ist, wenn der Fernseher nicht läuft. Wer das eine nicht kann, übt das andere doppelt, und unversehens wird das zum Talent.

Ich war still, fast autistisch, brauchte enorm viel Rückzug und hatte Angst vor Menschen. Das kann man auf eine Störung zurückführen, genau so gültig ist aber auch: Diese Einschränkung hat mich zu meinem Schutzengel gebracht. Als extravertierter Draufgänger hätte ich mir nicht so viel Muße fürs Experiment mit der Seele genommen. Die Seele setzt voll bewusst hier und da Blockaden ein, um den Fluss in die richtige Richtung zu lenken. Ist das Bett erst einmal gegraben, dürfen diese auch wieder entfernt werden. Nichts davon ist heilig, jedoch du.

So gibt es also die 10 Schritte menschlicher Reifung, von denen wir besser keine auslassen. Sicher hast du schon einmal staunend erlebt, wie einer, dem du helfen könntest, böse wurde. Das passiert teils dann, wenn du mit ihm einen Schritt überspringst. Das ist ein absolutes "no go" im Computer-Rollenspiel der Seele, denn im Level 15 fehlt dem Helden dann plötzlich der blaue Kristall, der in Level 6 da so rumlag. Ärgerlicherweise hast du ihm geholfen, Level 6 zu überspringen... *fluch*. So hilf ihm lieber, direkt zum Kristall zu stoßen, indem du fragst: "Welches Geschenk bereitet dir dein Zustand jetzt?". Erst danach, kann es weitergehen.

Es ist immer die Wellenbewegung von Betrachten und Weitergehen, die mal das eine, mal das andere fordert, und um zu erkennen, was nötig ist, dazu benötigst du das gelassene Herz. Jede hektische Bewegung wirft dich zurück. Darum: Es gibt keine Eile. Die Seele ist seit Jahrtausenden auf ihrem Weg. Auch wenn vieles danach aussieht: Nichts drängt.

Jedenfalls nicht so sehr, als dass es nicht erst einmal gelassen betrachtet werden sollte.

Die 10 Schritte menschlicher Reifung,

die immer wieder von vorn durchlaufen werden, da sie unser Trainingsrad sind, lauten:

1. Vollkommenheit - "ich bin zufrieden"
2. Dunst steigt auf - "irgendetwas fehlt, etwas ist nicht in Ordnung"

2b. Verdrängung - "ach, das ist schon OK";
2b kannst du getrost weglassen. Rückwärts kommst du auf der Autobahn nicht weiter. Der nächste Vollkommenheits-Ruhe-Punkt liegt vorne.

3. Diagnose / Ereignis - "ich hab's doch gewusst" - z.B. wenn der Partner geht.
4. Abwehr, Verdrängung, Verweigerung, Schmerz - "ich halt es nicht aus. Ich geb alles, damit es nicht wahr ist." (Hier ist man bereit, seine Lebendigkeit zu opfern und ein Schattenspiel weiterzuspielen, das auf dem schönen Schein beruht. Astrologen und Kartenleger verdienen hier viel Geld, wenn sie dem Klienten nach dem Mund reden.) Nach der panischen Angst dann: Annahme.
5. Neues Leben fließt in dich ein, Mut! Größte Bündelung spiritueller Kraft.
6. Betrachtung - lass sie nicht zu lange dauern.

7. Grundlegende Umstellung eines Teils deines Lebens.

8a. Erste Dividende - die Umstellung hat Kraft gekostet, aber jetzt fließt dir der erste Lohn daraus zu. Du weißt, es wird bleiben, das macht dich froh. Es ist ein spiritueller Gewinn.

8b. Missionar - manchen gefällt es, dies jedem zu erzählen. Was wäre die Welt und was wäre der Buchmarkt, ohne ihren Enthusiasmus.

9. Verinnerlichung - jetzt erst ist die neue Lebensweise ein Teil deiner Ichstruktur, ein Bestandteil deiner Zellen geworden. Erkennbar daran, dass du dich im Detail gar nicht mehr ans Vorher-Nachher erinnerst. Du bist das einfach. Wer Freude am Missionieren hatte, dem versiegt auch das. Dies führt zu:

10. Leeres Herz. Dein Herz ist gewachsen, und zudem wurde es entrümpelt. Segen leuchtet hell in diesen leeren Räumen. Sehnsucht. Das leere Herz ist ein gutes Zeichen, denn ein so großes Herz hattest du noch nie.

Es braucht etwas Zeit, während die Liebe Gottes langsam hineinfließt. Nach etwa drei Wochen bis 3 Monaten kannst du dich wieder an Vollkommenheit erfreuen - auf höherer Stufe.
Jeder Durchlauf von 1 bis 10 macht dich geschmeidiger, und jeder birgt ein großes Geschenk.

Das innere Kind

Dein inneres Kind ist der Bewahrer deiner Lebenskraft und Freude. Seid ihr in Kontakt, kannst du grundlos glücklich sein. Weil es im Büro kein Geld verdient, wird es im öffentlichen Leben schlicht vergessen. Heilung liegt zu einem guten Teil, wahrscheinlich zum größten, in der Hand des inneren Kindes. Besser wir nehmen es gleich in unseren Königsrat auf, und achten seine Meinung genauso hoch wie die eines Ministers.

Der Königsrat

Schließe deine Augen, und stelle dir deine Seeleanteile als Minister vor, und du die Seele, du bist der König. Da sitzen sie nun: Der Verwalter, der der Verstand ist. Der Berater, der der Bauch ist. Das Kind, bei manchen gerade erst hinzugekommen, die innere Frau, die beim Mann die Königin, bei der Frau die Beraterin ist. Der innere

Mann. Die abgewandte, die mit dem Rücken zur Runde sitzt und ab und zu nur ein Wort einwirft, zudem ist da der Magier, der Hüter deiner psychischen Kraft. Natürlich ist da auch dein Engel, der wie der König aus einem befreundeten Königreich in deiner Runde zu Gast ist. Er wird nicht mit abstimmen, dir aber erfahren zur Seite stehen. Dazu noch andere Wesensanteile, wie sie dir erscheinen.

Schau sie dir alle an und besprich mit ihnen ein wichtiges Thema. Du wirst sehen, inwiefern hier Gleichklang oder Unstimmigkeit herrscht. Sprich auch mit der Abgewandten und sprich auch mit dem Magier. Die beiden werden oft nicht gehört. Sie sind jedoch so wichtig für dein Vermögen, Ziele zu erreichen.

Schau vor allem auf die Wünsche der Beteiligten, damit du deine inneren Wünsche zuordnen kannst, und erkenne, wer zu seinem Recht kommt und wer nicht.

Ich hatte einmal nach einer schweren Zurückweisung eine Konferenz, in der der Magier rief: "Endlich hat dieser kleine Tyrann mal einen Dämpfer bekommen. Er bestimmt alles, was geschieht, das ist unerträglich." Gemeint war, dass mein inneres Kind zu dieser Zeit nahezu alle meine Handlungen dominierte. Denn es war einsam und suchte mit aller Kraft wen, der mich liebt. Das war den anderen (und meinen Mitmenschen) eine Last.

Die eine Seite ist also die Vernachlässigung des inneren Kindes, die andere seine Tyrannei. Die Tyrannei wird in der Psychologie narzisstische Störung genannt. Nach manchen Büchern zu urteilen, scheint sie kaum heilbar zu sein, aber wie jede Heilung ist auch die Harmonisierung des narzisstischen Ungleichgewichts *einfach*, das heißt durch Einfachheit zu erreichen.

Sowohl Störung als auch Behebung sind im Plan der Seele vorgesehen. Allein das Verdrängen des inneren Kindes gehört nicht zum Plan.

Eine narzisstische Störung erkennst du an ihrem sehr sensiblen, jedoch egoistischen Gebaren; der Betreffende ist schnell beleidigt, fühlt sich ungeborgen und zurückgewiesen und zerschlägt dann Porzellan. Dabei handelt er kindlich maßlos, in der Psychologie spricht man von "Rache oder Rückzug": Entweder zahle ich es dir furchtbar heim, oder aber ich mache ab jetzt einen weiten Bogen um dich, denn du bist ein schlechter Freund.

Innerlich fühlt sich dieser Mensch sehr einsam und wie in einer Sackgasse. Er hofft auf einen Partner, der ihn vollends versteht und seine Wünsche nach Liebe vorbehaltlos erfüllt. Und ja, dies tragen wir im Ansatz alle in uns, denn es ist die Sehnsucht zurück zur Mutter-Kind-Beziehung. Darum spricht man nur in Lebensphasen, in denen das deutlich zum Problem wird, von einer Störung.

Es ist schwierig, einem narzisstisch stark gestörten Menschen beizukommen. Er wird immer wegen irgendetwas beleidigt sein, und das ist, weil das innere Kind auf dem Königsstuhl sitzt. Es ist dort maßlos überfordert. Du musst es zurückrufen, es auf einen Beraterplatz setzen und ihm auch dort seine Aufgabe deutlich erklären. Das innere Kind soll angeben, ob es sich bei dieser oder jener Entscheidung wohl fühlt: "Wir alle möchten, dass es dir gut geht."

Erkläre dann: "Schau, die eine oder andere Entscheidung muss ich so treffen, dass sie dir nicht gefallen wird, und auch andere Leute werden Dinge tun und sagen, die du nicht möchtest. Aber hab keine Sorge, du bist geborgen, du bist mir wichtig und du bist nicht verantwortlich. Wenn ich also jetzt diese oder jene Unterhaltung führe, Verhandlungen mit meinem Expartner bespreche oder auf der Suche nach einer neuen Liebe bin, ist deine Meinung willkommen, aber sprechen und entscheiden werde ich, der Erwachsene."

So, grob skizziert, wird dein inneres Kind eingebunden in ein größeres Ganzes. Es kommt zu seinem Recht und gibt dir Lebensfreude, Optimismus und Gesundheit.

Der beste Platz für das innere Kind ist, wenn es dabei und eingebunden ist. Auf seine Wünsche wird gehört, und die Erwachsenen schauen, dass es ihm gut geht. Ganz wie ein wirkliches Kind trifft es jedoch keine Entscheidungen. Es wird geliebt, darf jedoch nicht herrschen. Der Herrscher ist das erwachsene, erfahrene Herz.

Seele sucht Gott, Gott sucht Seele

Da du geschaffen bist von der großen Kraft, und da du alle minderen Attribute nur angenommen hast, zieht es dich mit unablässiger Wirksamkeit zurück in die Einfachheit. Das ist die Sehnsucht der Seele. Wir sind eins, zersplittern uns jedoch in viele Anteile, und erkennen dann unvermittelt und plötzlich, dass wir doch eins sind, immer eins waren, gerade jetzt, als wir unsere Vielfalt kennen und lieben gelernt haben. Wie unpassend ist dieser Zeitpunkt, aber wie schön ist es auch, wieder zu Hause zu sein. Zu Hause, das ist direkt nebenan. Erleuchtung ist jederzeit zu erlangen, sie bedarf keiner Vorbereitung, obwohl in gewisser paradoxer Weise die Vorbereitung schon das ganze Leben lang dauerte. Betrachte sie einfach als abgeschlossen und greife direkt nach Gott:

Flitzende Ratten, vergessener Raum

In dieser Nacht liege ich lange wach. Irgendwelche Entscheidungsfragen streiten in mir: Habe ich das richtige Handy gekauft, oder hätte ich auf Strahlungsarmut achten sollen? Habe ich am Nachmittag den richtigen Preis angesetzt, oder habe ich draufgezahlt?

Diese Dinge sind ja alle schon Vergangenheit, und gesunderweise sollte ich die Entscheidungen gut sein lassen. Denn die Entscheidung, die hinter den Sorgen steht, lautet allzu oft: Möchte ich heute Seelenfrieden haben, oder gönne ich ihn mir noch nicht?

Die Sorgen lassen mich nicht los, im Gegenteil, neue, kaum wichtige Entscheidungen, die in der Zukunft liegen, gesellen sich dazu, und das ist schließlich für mich das Signal, den Schauplatz zu wechseln.

Ich schließe die Augen und wende mich an meinen Engel: "Undisziplinierte Gedanken, eh?", frage ich ratlos. "Sie verdecken etwas Wichtiges", bestätigt er. Ich will es sehen. Eine weitere seelische Reise beginnt.

Seelisches Reisen funktioniert wie ein Traum, nur dass man wach dabei ist. Die Wahrnehmung ist bewusster, und oft ist die Erinnerung später klarer als in einem Traum. Wenn du dieses Reisen übst, verschwende nicht deine Zeit darauf, aus dem Körper austreten zu wollen und erstmal an der Decke zu schweben. Manche können das. Aber es nicht das Wichtige an der Sache.

Körperloses Reisen geschieht durch Bewusstseinsverschiebung. Da du ein Atom Gottes bist, ist die Schöpfung ein Teil von dir (also nicht umgekehrt). Du legst das Licht deiner Achtsamkeit auf einen Zustand, in dem physisch Körperliches nicht existiert. Und weil du mit "Nicht"-Postulationen nicht reisen kannst, sagst du: "Ich möchte in eine Lichtwelt reisen. Bitte nimm mich mit."

Auf dem inneren Bildschirm in der Stirn, zwischen meinen Augenbrauen, dem Dritten Auge, nehme ich jetzt einen Flur war. Ich schlüpfe hinein.

Rechts und links von mir sind Türen in den Wänden. Der Flur ist dunkel, ohne Licht und ohne Fenster. Die Türen sind zum einen Teil neu, zum anderen Teil verkommen.

"Räume, in die du nie hineinschauen wolltest", beantwortet der Engel meine unausgesprochene Frage. Er steht nun direkt neben mir. "Zum Beispiel hier." Er öffnet eine

Tür, und dahinter liegt ein Verlies. Ein offensichtlich verhungerter Leichnam lehnt an der Wand vor einem leeren Topf, und offensichtlich liegt dieses Drama schon lange zurück. Die Haut ist ledrig, das Gesicht eingefallen. Ich weiß, das war ich.

"Ein Teil von dir", präzisiert er, "eigentlich du als Kind." Viele Menschen haben als Kinder aufgegeben, um als Erwachsene ein "erfolgreiches" weltliches Leben zu führen. Die Lebendigkeit und Gottesnähe unserer Kindheit konnten wir nicht hinüberretten, und der abgespaltene "naive" Teil verhungert langsam.

Ich nehme den Toten in den Arm. "Hätte ich etwas tun können?", frage ich. "Nein, aber du hast es auch nicht versucht." Ich sehe die Tür und erkenne, dass ich stets von ihr gewusst habe, ich wusste, wer dahinter darbte, ich hatte aber nicht die Kraft, mich einer anderen Realität zu stellen, weil sie meine gegenwärtige irgendwie gesprengt hätte. Jetzt ist das anders. Die vergangenen Monate, die sehr schwierig gewesen waren, haben mir eine Art Todesverachtung gegeben, einen Bewusstseinszustand, der mir hilft, allen Realitäten ins Auge zu sehen.

Der hinter der nächsten Tür lebt noch. Wieder ist es ein Kerker. Mit Wunden und Ausschlag übersät, mit dicken

Lippen und aufgequollener Haut hockt da ein Gefangener, und er ist wieder ich. Ich will ja gar nicht wissen, um welchen abgespaltenen Seelenteil es sich handelt. Ich nehme ihn in die Arme, und obwohl er sich erst scheut (die Teile spalten sich oft freiwillig von uns ab, um uns "nicht weiter zu stören", sie hassen sich und sehen daher so schrecklich aus), umarme ich ihn fest, und langsam weicht er auf, wird durchlässig und schließlich wieder ein Teil von mir. Ich fühle mich vollständiger. Dieser da hatte zu mir gehört, und jetzt ist er wieder ein Teil.

Die abgespaltenen Anteile unseres Bewusstseins, die sich in die Tiefen des Unbewusstseins verzogen haben, sind Kraftspender. Das innere Kind, die innere Frau, der innere Werwolf, sie scheinen unsere Kreise zu stören, und in einem unbedachten Moment sagen wir: "Hau ab, und komm nie wieder!" Und sie tun es. Wir werden heil und ganz, wenn wir uns ihnen wieder mit Liebe und Hingabe nähern.

Übrigens können sie nicht sterben, der Leichnam des Kindes symbolisiert etwas anderes. Er war trotzdem integriert, nachdem ich ihn angeschaut und beweint hatte. Es ist also nie zu spät, vor allem wenn du dein jetziges Leben als ein Glied in einer Kette von Leben betrachtest, die schließlich zu Erfüllung und Verstehen führt.

Nach diesen Erlebnissen kehre ich zurück ins Körperbewusstsein und schlafe erschöpft ein.

Seit mehr als einem Jahr litt ich unter Hautirritationen in der Herzgegend, die nicht abheilen wollten. Manchmal blutete es und färbte mein T-Shirt in der Herzgegend rot. “Mein blutendes Herz” nannte ich das scherzhaft, wobei mir der psychosomatische Charakter dieses Symptoms sehr bewusst war. Ich konnte nur nicht verstehen, was es mir eigentlich sagen wollte.

Um fünf Uhr morgens wache ich nun auf und kratze mir im Halbschlaf Schorf von der Brust, und als mir klar wird, was ich da tue, fühlte ich mit den Fingern nach: Die Entzündungen sind zu einem guten Teil verheilt.

Erstaunt blicke ich meinen Schutzengel an. “Komm, einen Raum schauen wir uns noch an”, sagt er. Mit geschlossenen Augen wechsle ich wieder in den Bewusstseinszustand, den dieser Flur verkörpert, und wir schreiten den langen dunklen Gang ab bis zum Ende. Eine weiße Tür lässt einen großen hellen Raum dahinter vermuten, und mein Engel sagt: “Wenn du Mut hast, tritt ein.”

Ich öffne die Tür und schrecke zurück. Ein Heer von Ratten quillt daraus hervor, hunderte und tausende schießen heraus und verschwinden im Dunkeln des Ganges. "Soll ich sie töten?", frage ich. "Lass sie in Ruhe", sagt er. Im physischen Leben kann ich keine Fliege töten, aber mit der spirituellen Hygiene meiner inneren Welten nehme ich es sehr genau. Hygiene, das war es. Konnte ich zuvor den verwahrlosten, geschundenen Gefangenen umarmen und in mich aufnehmen, so muss ich hier würgen. Der Zug der Ratten trippelt immer noch an uns vorbei, bis er ausdünnt und schließlich die letzten hinterherhopsen.

Wir treten ein. Der Raum ist nun frei von Tieren. Er ist groß und verfügt über eine futuristisch wirkende große Fensterscheibe, die den Sternenhimmel zeigt. "Dein Wohnzimmer. Du warst lange nicht mehr hier." "Darum die Ratten?" "Ja. Ratten gibt es in jedem gesunden System. Sie sind einige der wenigen, die mehr werden, wenn das System krank wird. Viele Ratten zeigen also ein Ungleichgewicht an."

Ich schaue hinaus in den Sternenhimmel. "Deine spirituelle Bestimmung."

Mein Engel, dieses allmächtig erscheinende Wesen, spricht sanft in mein Ohr. Es klingt tröstlich, als er mir eine bittere Wahrheit offen legt. "Du warst nur noch dort. Aber der Mensch braucht auch ein Zuhause.

Darum hast du deine Geborgenheit so sehr vermisst. Du hast deine Basis verlassen. Somit haben sogar deine Beziehungen nicht funktioniert. Du konntest zwar die Basis deiner Partnerin teilen, aber deine eigene hast du nicht mehr betreten."

Der Mangel an Geborgenheit war zeitlebens mein größtes Problem. "Ratten kommen, wenn sonst keiner mehr da ist."

Der Fußboden ist durchweicht von Milliarden kleiner Nagerschritte und sonst was, was ich nicht spezifizieren will. Die Möbel sind in den unteren fünfzehn Zentimetern Höhe angenagt, nahezu durchgenagt. Über dieser Linie sind sie perfekt, wie neu. Weiße Ledersofas, helle, große Regale.

In den inneren Welten ist es viel einfacher, gute Handwerker zu bekommen, denn eine große Gruppe von inneren Helfern steht bereit. Ich bitte einen Archivar, die wichtigen Dinge aus den Schränken aufzubewahren. Sie sehen aus wie Tagebücher und persönliche Aufzeichnungen, vielleicht aus mehreren Leben, aber ich will mich jetzt nicht damit befassen. Dann beauftrage ich andere Helfer, die Wohnung komplett auszuräumen und freizumachen, alle Möbel und die Auslegware zu entsorgen und die Tapeten von den Wänden zu nehmen. Ein Kammerjäger versorgt und versiegelt fachmännisch die Rattenlöcher. “Das Mäuseloch auch?”, ruft er mir zu. Ich muss darüber schmunzeln, wie detailgenau die inneren Erlebnisse vonstatten gehen.

Alles geht rasend schnell. Nachdem der Kammerjäger desinfiziert hat, rückt schon der Tapeziertrupp an, ein neuer Teppichboden wird gleichzeitig verlegt. “Oder möchtest du lieber Fliesen?”, fragt mein Engel. Ich richte mir diesen Raum so edel und gemütlich ein, wie ich es nur vermag. Die Handwerker haben das Fenster vergrößert, und die bequeme neue Couch schaut direkt hinaus. Als alle gegangen sind, sitzen wir zu zweit darauf und blicken in die Ferne.

“Du suchst Gott da draußen, in der Weite der inneren Welten. Und da wirst du es auch finden.” (Er gebraucht “es” statt “er” oder “sie” für das unfassbare Wesen, das wir Gott nennen.) “Aber Gott ist genauso in dir. Du musst nicht weit reisen. Gerade darum kannst, darfst und sollst du weit reisen. Ich möchte, dass du alles siehst, was es gibt. Aber Gott ist immer in dir. Kehre hierher zurück, tu es oft. Du bist hier zu Hause. Lade deine Freunde ein, damit sie hier geborgen sein und neue Kraft schöpfen können.”

Betrachtung zum Jetzt

Gott, die letztliche Heilung, ist eine unbeschreibliche Macht. Wir haben uns Gott klein gemacht, ihn zu einem menschelnden Wesen mit Zauberkräften degradiert. Mal ist er lieb, mal zornig, und er liebt die, die ihn lieben, und er straft die, die ihn vergessen. Da schrieb mir ein Mann einmal: "Solche Bücher sind Gott ein Gräuel." Da stelle ich mir vor, wie Gott sich meine Texte anschaut und es ihm grault. Hm... hoffentlich nicht!

Wir klammern uns erbärmlich an die scheinbaren Sicherheiten im Leben. Ließen wir uns fallen - wirklich fallen, was bedeutet, im Herzen jegliche kleinlichen Sorgen loszulassen und bereit zu sein, der Leere, die dahinterliegt, zu begegnen -, dann könnte Gottes Liebe in unser Leben strömen.

Aber Religion will etwas anderes. Weltlich denkende Menschen fassen Gott in weltliche Gedanken, und plötzlich ist "ES" fern von uns, fremd von uns, außerhalb. Was könnte ein übermächtiges Wesen noch von uns wollen? Vielleicht Gehorsam. Am besten Gehorsam zu nicht eindeutig formulierten oder zu nicht durchführbaren Anweisungen. Dann kann man sich unablässig schuldig fühlen. Ist es nicht deine Schuld, die mir so viel Macht über dich verleiht? Das ist die dunkle Seite jeder Religion. Dort, wo sie vermenschlicht, von Gräuel, Schuld und Verdammnis spricht, wo der Priester Verehrung verlangt, da zerspringt das edel geschliffene Glas des Vertrauens in so manch einem spirituellen Menschen.

Aber Religion hat auch ein gutes Gesicht. Nutze die Religion dort, wo gute Menschen sie leben, und wirke daran mit, wenn du magst. Aber wisse, dass Gott noch viel mehr ist, davon ausgenommen ist, davon mehr ist. Gott ist so einfach, und jederzeit darfst du dich von Religionen, Gruppen und Denkweisen verabschieden und weiter gehen. Gottes Handfläche ist groß; so weit du auch wanderst, du verlässt sie nie.

Das ist eine Tatsache, die in der Versenkung verstanden und getrunken werden kann: Wir können keine Fehler machen. Und es gibt keine Sünde.

Einige Wochen später fühle ich mich zwar vollkommener, aber ich bin noch immer sehr einsam. Soll ich dieses oder jenes tun, um Menschen kennen zu lernen, oder sollte ich die Zeit zum Studieren nutzen oder einfach die Einsamkeit akzeptieren, weil sie irgendwas Spirituelles wäre? Ich bin ziemlich beunruhigt und nervös, ich will keinen Fehler machen, denn irgendwas scheine ich ja falsch zu machen, das Alleinsein dauerte nun schon 6 Monate. Der Engel sagt:

"Was wir dir beibringen wollen, läuft parallel dazu. Du kannst die Entscheidungen treffen, zu denen du gerade aufgelegt bist. Jetzt im Moment wollen wir, dass du lernst, Spannungen auszuhalten. Das macht dich zu einem größeren Kanal für den göttlichen Geist. Denn der göttliche Geist ist Spannung. Er kann dich nur so weit benutzen, wie du ihn aushältst. Das verbreitern wir gerade. Du kannst nichts falsch machen, weil deine Entscheidungen alle gleichwertig sind. Sie berühren nicht unser Projekt. Wenn du was tun willst, versuch ruhig zu sein. Aber nicht schlimm, wenn du auch das nicht schaffst."

Ruhig sein, wie geht das? Ich finde es heraus: durch getroffene Entscheidungen. Da habe ich diese unglückliche Liebe. Ich schreibe ihr einen Brief. Sollte ich ihn abschicken? Die schlimme Unruhe nimmt von mir Besitz. Für und Wider liegen im Streit um das schlagende Argument, und es zerreißt mich. Eingedenk der Aussage meines Engels, es gibt jetzt keine falschen Entscheidungen, sage ich: "Ich sende ihn ab. Egal ob richtig oder falsch."

Das gibt mir Ruhe für einen Tag. Am nächsten Tag würde ich am liebsten anrufen und sagen: "Verbrenn diesen Brief ungelesen." Und wieder das Hin und Her. Es dauerte nur eine Minute, bis ich mich entscheide: Ich treffe eine Entscheidung. Und ich rufe an und sage: "Bitte verbrenn diesen Brief ungelesen." Das klingt wie hü und hott, und das ist es auch auf der einen Betrachtungsebene. Auf der anderen Betrachtungsebene habe ich nur 2 Minuten Zerrissenheit gefühlt, die eine vor der einen Entscheidung, die andere am nächsten Morgen vor der anderen. Es gab Zeiten, da hätte ich mich der Zerrissenheit stundenlang hingegeben, manchmal tat ich es sogar monatelang.

"Zwei Schwerter" ist das im Tarot, Paralyse, der höchst unwürdige Zustand der Lähmung, weil beide Wege schlimm erscheinen. Was aber wirklich schlimm ist, ist stehen zu bleiben.

Das ist subtil, aber wichtig zu verstehen: Wir glauben, wir treffen eine Entscheidung zwischen A und B. In

Wahrheit treffen wir eine ganz andere. In obigem Beispiel: abschicken oder nicht? Die Antwort lautet: egal. Denn die wahre Frage ist: Verbringe ich jetzt einen Tag in innerer Zerrissenheit, oder lebe ich in Frieden? Und es geht nicht nur um "einen" Tag, sondern um den heutigen Tag. Es gibt ja nur das Heute.

Ich wurde immer verrückt, wenn es hieß, das Gestern sei tot und das Morgen noch nicht da, nur der flüchtige Moment des Jetzt sei real. Die richtig gerückte Wahrheit ist, dass das Jetzt nicht flüchtig ist. Es ist ewig. Das Jetzt ist ewig, und wie alles Lebendige wandelt es geruhsam sein Gesicht, die Blätter fallen, die Blätter wachsen, die Blumen blühen, die Blumen sterben und sprießen erneut, alles im Jetzt. Wir haben also unendlich viel Zeit. Und gerade darum - die wesentlichen Entscheidungen treffen wir jetzt.

Die größte Entscheidung ist die: Ist heute der Tag, an dem ich still werde, um Gott zu sehen? Seit ungezählten Leben sagen wir täglich: Nein, heute noch nicht.

Auf der Bank im Wald

Ich sitze auf einer Bank im Wald und flehe zu meinem Engel. Immer noch so allein und so unglücklich. Ich bin mürbe, zermürbt.

“Glaubst du eigentlich noch an Gott?”, fragt mich mein innerer Lehrer. Ich bin baff. Ich schlucke und denke nach, suche in mir, tief in mir und tiefer. Nein, muss ich gestehen. Meinen Glauben an Gott habe ich irgendwann irgendwo bestimmt schon vor 1000 Jahren verloren. Vielleicht auch in meiner Kindheit, aber, weiß Gott, das liegt eine Ewigkeit zurück. Nein, ich glaube nicht an Gott. Und das, wo ich seit vielen Jahren über die Verbindung zum Schutzengel, über Träume und göttliche Inspiration referiere. Mein Engel, ja, den sehe ich jeden Tag. Aber Gott, dessen Bote er ja ist, der ist mir fern. Wie der Weihnachtsmann vielleicht oder wie ein Filmheld, den man ja niemals treffen würde, selbst wenn man den Schauspieler träfe, der ihn darstellt. So hielt ich es mit Gott: sozusagen realistisch.

Aber ein Engel ist ein Bote. Er leuchtet von Licht und Liebe, und die kommt nicht aus ihm selbst. Er nimmt mich also innerlich bei der Hand und sagt: "Komm, wir gehen durch den Wald.

Kontempliere über Gott", gibt er mir auf. Und ich nutze diesen gesegneten Moment und tue es.

Meine Welt öffnet sich. Wie soll ich das erklären, dass es nicht zu mystisch und damit unerreichbar klingt, aber auch nicht zu normal und somit vielleicht wertlos? Es ist beides gleichzeitig, ganz normal und unsagbar mystisch. Ich sehe denselben Wald. Aber jedes Blatt lebt. Ich sehe die Äste, einen Vogel auf einer Tannenspitze, einen weggeworfenen Plastikbeutel, den Teil eines kaputten Autoreifens, alles pulsiert von Leben, erreicht mich jedoch noch nur durch die Nebelwand. Gott blickt mich aus der Ferne aus einer Plastiktüte an. Aus dem einzelnen Ast, der gerade so gewachsen ist und nicht anders - Sinn ist in allem, was ist! Weil er gerade so gewachsen sein muss, wie auch der Abfall gerade dort, gerade so herumliegen muss. Der Vogel, der seine Balance auf der schwankenden Baumspitze hält - jederzeit könnte mein Engel jetzt in echter Gestalt hervortreten, so verzaubert ist diese Welt. Und doch, eine Nebelwand bleibt.

Alles ist Gott. Wie könnte ich jemals einsam sein? Ich vibriere vor Macht, die ich nicht gebrauchen will, wozu auch. Alles ist an seinem Platz. Ich kehre in meine Ordnung zurück - hoffe ich. Doch mein Engel lässt mich verstehen: "Jetzt noch nicht. Du wirst all das verlieren, es wird langsam verblassen. Aber das bedeutet nur, dass es tief in dich einsinkt, den Nebel durchdringt. Dann wird es aus dir selbst vielfach lebendiger wiedererstehen. Das braucht jetzt einige Jahre."

Und in den folgenden Tagen verblasst die Erfahrung. Langsam werde ich wieder Mensch, abgeschnitten, beschäftigt, mal froh, mal nicht.

Wenige Monate später kommt die zweite Erfahrung. Ich habe zwei Wochen lang zu Gott gefleht, sich mir noch mal zu zeigen. Ich habe Gott nicht spüren können, und mein Herz verlangte nach einer Bestätigung, dass er wahr ist, dass ich eingebettet bin in seine Liebe. Ja, ich habe es geglaubt, aber nicht fühlen können. Ich meinte, ich müsse das auch fühlen.

So schimpfe ich, immer noch allein, in Gedanken auf meine zwei Exfreundinnen. Die eine hat mir Schmerzen bereitet, die andere erscheint mir so gleichgültig. Ich schimpfe vor mich hin und werde meinen Ärger nicht mehr los.

Mein Engel erscheint: “Mach weiter. Auf wen schimpfst du wirklich?” Und es ist klar: auf Gott. Wenn ein Mädchen mir einmal Schmerzen bereitet hat, so war Gott wohl eintausend Mal grausamer gewesen; und wenn das andere gleichgültig scheint, so erscheint Gott mir erst recht gleichgültig. Leben um Leben blitzt vor meinem inneren Auge auf, Existenzen, in denen ich wegen meines Glaubens, meiner Treue zu Gott gefoltert oder getötet worden bin, Jahrhunderte, in denen ich auf der Suche nach dem wahren Gott hilflos und haltlos umhergewandert bin, wiederum Leben, in denen ich Gewalt erlitten habe, weil ich nicht verschweigen konnte, wie ich die Welt sah.

“Das habe ich nie gewollt”, sagt mir mein Engel, und es liegt die Stimme Gottes darin.

Aber ich hörte es nicht. Ich fluche auf Gott, wie ich nie zuvor geflucht habe. Dies ist der wirkliche Grund meines Ärgers, meiner Wut und meiner Einsamkeit: nicht zwei missglückte Liebesbeziehungen, sondern viele Leben voller Missverständnisse und Enttäuschungen. “Du hast mich immer allein gelassen”, werfe ich Gott vor.

Am Abend findet meine Wut ein plötzliches Ende. Alles ist verzehrt und verbrannt, nichts ist mehr übrig. Auch keine Einsamkeit - dieses Gefühl, das mich noch am Tag zuvor fast umgebracht hat, ist jetzt nur noch Missmut, wie ein lästiger Schnupfen, ungemütlich, aber erträglich. Diese existenzielle Not, sie ist verbrannt.

Zwei weitere Tage gehe ich still durch die Welt. Ich mache meine Arbeit und erledigte mein Alltagsleben und fühle nichts.

Und dann spielt eine Freundin ein Lied von CD: "You had a dream/that you misunderstood/you thought we were separate/but we are not."

(Du hattest einen Traum, den du missverstanden hast. Du dachtest, wir wären getrennt. Sind wir aber nicht.")

Und ich spüre eine neue alte Liebe für Gott. Ich bin einmal Märtyrertode gestorben, für Gott, wie ich dachte, aber Gott sagte durch seinen Engel: "Das habe ich nie gewollt." Was ist schon ein Märtyrer? In den meisten Fällen einer, der sagt: "Ich weiß, wie Gott ist, und ihr nicht." Soll er doch lieber bei seiner Familie sein und seine Frau und Kinder lieben. Hätte ich es mal besser getan.

Wenn einer so einen Tag lang auf Gott flucht, mag man denken, der ist nicht spirituell. Aber es war einer der bedeutsamsten Augenblicke meines Lebens. Das Grundschema ist so:

Ich gehe in die Welt.
Ich liebe einfach, denn zum Lieben bin ich geboren.
Ich werde enttäuscht.
Weil das Gefühl der Enttäuschung nicht leicht zu ertragen ist, beginne ich zu hassen.
Hass ist auch nicht leicht zu ertragen, darum entschließe ich mich, nichts mehr zu fühlen.

Ich weiß um Gott, denn von Gott komme ich.
Ich will es besser machen und ihn mehr lieben.
Ich werde beleidigt, verfolgt.
Ich laste es Gott an und bin enttäuscht.
Da Enttäuschung schwer zu tragen ist,
hasse ich.
Da Hass schwer zu tragen ist,
schweige ich.
Schweigen macht mich taub.
Ich glaube nicht mehr an Gott.
Weshalb? Weil ich ihn noch mehr lieben wollte.

Das hat mein Schutzengel jetzt rückwärts wieder aufgedeckt und mich lebendig gemacht.

“Glaubst du eigentlich noch an Gott?” hat er mich gefragt, und ich habe eingestehen müssen, dass ich an Engel glaubte, aber nicht mehr an Gott. Und er gab mir im Wald meine erste Gotteserfahrung. Später deckt er die Verbitterung auf, die dazu geführt hat, dass ich Gott nicht mehr spürte. Das ist die zweite.

Die dritte kommt wenige Monate später. “Ich möchte ES jetzt erfahren”, bitte ich meinen Lehrer, und er nimmt mich mit in eine ungeformte Welt. Ich begegne einem Kind. Wie ein kleiner Buddha sitzt es da, mit einem unschuldigen Gesicht und einem Blick nicht von dieser Welt. “Ichich und du ist kein Unterschied”, sagt es, und es durchfährt mich. Elektrisiert mich.

Das doppelte “ich” ist kein Druckfehler, es transportiert die Frequenz der Liebe und Erhabenheit und Einfachheit. Keine Sprache kann das wiedergeben. Am höchsten Punkt der Schöpfung sitzt ein Kind. Allmächtig, allwissend, liebend und abwartend. Seit Tausenden von Leben wartet es, dass ich mich ihm zuwende, und was war ich beschäftigt, ihm zu dienen und so fort, und ich habe nicht geschaut.

“Ichich und du ist kein Unterschied” gilt nicht erst, wenn wir irgendeine Erleuchtung erlangt haben, sondern es ist ewige Wahrheit. Schon heute ist der Mensch in Gott.

Ich hab dann einen kleinen Vers geschrieben, um das einzufangen:

Erst wenn die Spannung abfällt,
bist du für die eine,
elegante Bewegung bereit,
die dein Gesicht zu Gott dreht.

Jahrtausendelang will ich Gott dienen,
um Es zu erreichen.
Gott sitzt daneben,
kaut auf einem Schokoriegel,
wartet geduldig auf mich,

dass ich mal fertig bin mit meinem Tun.
Das wär Ihm lieb.

3. Teil

Heilung

Die Ethik der Therapie

- Der Klient ist die starke Seele. Hilf nur, solange es ihr nutzt.
- Umfassende Renovierungsmaßnahmen an Psyche und Geist überlasse den unsichtbaren Helfern. Du bist da, um einen ungünstig liegenden Baumstamm wegzuräumen, durch den der Fluss stockt.
- Der Eingriff soll klein, das Zuhören intensiv und der Heiler voller Vertrauen in die Heilungskräfte der inneren Welten sein. Der Klient soll, wenn er wieder geht, an Selbstliebe und Selbstvertrauen gewachsen sein.
- Lass jeden Schritt von deinem Engel billigen.
- Es gibt keine Routine. Gerade wenn du das glaubst, schickt dir dein Engel einen doppelbödigen Fall, der dich sehr demütig macht.
- Was ist das: Es ist klein und gibt Flügel?

- Suche den einen Satz, der die Seele erleichtert seufzen lässt. Er bringt deinen Klienten zurück in den Einklang. Nach ihm gibt es nichts mehr zu sagen.
- Somit gibt es ein natürliches Ende für jede Sitzung. Das darf gern vor Vollendung der 45 oder 60 Minuten sein.
- Ich persönlich glaube, dass einzelne Sitzungen bei Bedarf einen besseren Dienst leisten als eine auf Monate angelegte Therapie.
- Tempo, Richtung, Intensität und Dauer der Therapie gehen vom Klienten aus. Erkenne und respektiere schon die ersten Anzeichen von Unwillen und übe keinen noch so sanften Druck aus.
- Bricht ein Klient die Behandlungsreihe ab, lass ihn mit leichtem Herzen gehen. Sein innerer Heiler wird es komplett machen. Wir sind der Heilkanal, solange das Leben uns benutzt. Persönliche Ansprüche können wir daraus nicht ableiten.
- Allerdings steht dir zu, auch selbst einmal nein zu einer Behandlung zu sagen. Mach von diesem Recht auch Gebrauch, denn:
- wenn du zusagst, musst du dich in deiner Mitte befinden. Kein Vorschusslob und kein Anspruch dürfen deine Reinheit trüben:

- Du bist die weiße Leinwand, auf der dein Engel der Heilung in jedem Fall ein anderes Lichtspiel stattfinden lässt.

Der Engel der Heilung

Ich war mit einer befreundeten Mutter von zwei Kindern unterwegs, als ihr Sohn sich den Finger quetschte. Sie nahm ihn auf ihren Schoß und sagte: "Schau, wir rufen jetzt den Engel der Heilung und fragen ihn, ob er es dir wieder heil macht." Ziemlich begeistert schaute ich zu. Da kam der Engel und verströmte sein Licht und linderte den Schmerz. Der Junge war ganz still und genoss es. Und dann kam der Engel zu mir und fragte: "Na, Jörg, deine Ausbildung wird bald abgeschlossen sein. Was magst du dann tun?" Ich leuchtete ihn aus großen Augen an, und er fuhr fort: "Willst du so was wie ich machen? Nebenberuflich ein Engel der Heilung, na, wie wäre das?" Nach Hause bin ich getanzt.

Die Engel der Heilung sind große Mächte. Wir können sie um Unterstützung bitten. Ganz tief in der spirituellen Wirklichkeit sind auch sie nur ein Bild, eine Manifestation Gottes, so wie wir, die Seele, Gott sind. Aber während wir in dieser Welt und den meisten höheren Welten leben, können wir sie ansprechen. Sie besitzen Intelligenz, Demut, Verständnis und sind so wirklich wie du und ich. Erst vor der letztendlichen Wirklichkeit, vor Gott, sind sie nicht mehr wirklich, aber du und ich sind es dort auch nicht mehr.

Einen Engel anzusprechen ist so einfach wie beten. Wir sprechen einfach. Am einfachsten ist es, wenn du deinen eigenen Schutzengel ansprichst. Er ist dir nah und vertraut.

Wir können nicht heilen. Dieser Satz sollte ganz groß überall stehen, wo Heilung erwartet, erbeten oder versprochen wird. Kein Mensch kann heilen. Wir können uns selbst weiß machen, so gut es geht, damit unser Schutzengel oder ein Heilerengel eine Leinwand für sein Lichtspiel hat. Das ist wirklich alles. Darum spricht man in der Esoterik von "ein Heilkanal sein"; das Bild dahinter ist, dass die Heilung wie eine Flüssigkeit ist, die durch uns hindurchströmen kann.

Nachdem dies oft genug betont wurde, gebe ich hier konsequenterweise einige Techniken weiter, die du auch anwenden kannst, wenn du Laie bist. Beachte bei jeder dieser Techniken, dass du gut geerdet bist, dass also deine

Füße oder eine Hand fest auf dem Boden liegen, durch die du Energien jeder Art ausleitest. Ohne das Ausleiten wird Heilen zum Martyrium, denn du wirst selber krank. Und ohne den Kontakt zu deinem Engel auch.

In einer Partnerschaft führt der Versuch, den anderen heilen zu wollen, übrigens zu einem Ungleichgewicht in der psychischen Standfestigkeit der Partner. Versuche nie, deinen Partner zu therapieren, denn du kannst einem meist nur eines sein: entweder Lehrer oder Liebhaber.

Das heilende Bild

Krankheit wird in der Kindersprache meiner Phantasie auch “verpuzzelte Wirklichkeit” genannt. Falsch gepuzzelt bedeutet, dass es nur des richtigen Gesamtbildes (einer stimmigen Vision) bedarf, damit der Klient mit neuer Kraft alleine weitermachen kann. Überhaupt sollte das Ziel der Sitzung sein, dass der Klient mit neuen Ideen und neuem Elan alleine weitermachen kann. Die endgültige Heilung anzustreben wäre vermessen, die schafft nur einer: Dr. med. Tod.

Ich besuche also meinen Klienten quasi in seinem Wohnzimmer, wo er sein 17.000-Teile-Puzzlespiel auf seinem edlen Buchenparkettfußboden ausgebreitet hat. Einen guten Teil hat er schon zusammengebracht, und weil die Seele oft vergessen hat, was sie hier eigentlich wollte, also, um im Bild zu bleiben, auf der Puzzlepackung das Gesamtbild nicht abzulesen ist, betrachten wir gemeinsam, was er schon hat.

Das ist der Wolkenteil, der Rand und das Haus, auch eine Figur hat er schon zusammen. Bald merke ich mit etwas Schulung und der Hilfe meines Engels: Hier stimmt was nicht, hier stockt es. Und in der Tat: Mit Gewalt hineingequetscht ist da ein Puzzlestein, der die Harmonie stört. Er steht ab wie ein Fremdkörper, der er ja auch ist.

“Das kommt woanders hin”, sage ich, und lege meinen Finger drauf. Dem Klienten ist es klar, sobald er es sieht.

In der Praxis geschieht dies durch Gespräch. Folgende Heilungssitzung habe ich letztens erlebt:

> Eine Klientin kam zu mir mit folgenden zwei Problemen. Erstens die Eigentumswohnung, die sie durch ihre Ehescheidung zugesprochen bekommen hatte, ließ sich nicht verkaufen, jedoch benötigte sie dringend das Geld. Zweitens, sie spürte spirituelle Heilungskräfte in sich, wusste aber nicht, wie sie sie nun ausbauen sollen.
>
> “Erzähl mir von deiner Kindheit”, bat ich, und sie berichtete. Als sie etwa fünf Jahre alt war, fuhr sie mit ihrem kleinen Bruder auf dem Roller und stürzte. Ihr Bruder schlug sich dabei das Knie auf.

Kurze Zeit später musste er ins Krankenhaus, wo Krebs am Knie diagnostiziert wurde. Die Eltern nannten als Grund, wenn er in den folgenden Jahren immer wieder für längere Zeit ins Krankenhaus musste: "Wegen seines Knies." Erst im erwachsenen Alter erfuhr sie, welche Krankheit er wirklich gehabt hat, nämlich Krebs. Ihre gesamte Kindheit über spürte sie die Last vermeintlicher Schuld, denn Kinder beziehen, das was geschieht, auf sich.

Sie erzählte noch ein wenig weiter, bis ich sie fragte, wie das Verhältnis zu ihrem Exmann sei, ob sie ihn noch achte und liebe? Nein, das könne man nicht sagen, schließlich habe er sie sehr enttäuscht. Ich erzählte ihr von dem Schade-Satz: Zwei verlieben sich ineinander, es ist eine hoffnungsvolle und verliebte Zeit. Dann funktioniert es irgendwann nicht mehr, und sie schauen zurück und sagen: "Schade. Ich hab dich doch so sehr geliebt."

Am Ende kamen ihr Tränen, und das war das Zeichen, dass es genug war. Die Liebe zu ihrem ehemaligen Mann war ohne Zweifel noch vorhanden, sie war lediglich an der Oberfläche zu Bitterkeit oxidiert. Jetzt lag sie wieder in ihrer reinen Form da, weil sie "schade" sagen und sich damit abfinden konnte, dass es vorbei ist. Es gab keinen Grund mehr, ihre Liebe zu verdrehen.

So gingen wir noch einmal in ihre Kindheit. Ich stellte mich hinter sie, leitete aus, indem ich den Energiefluss aus meinen Füßen spürte, und legte ihr mit ihrer Erlaubnis Zeige- und Mittelfinger auf ihre Schläfen. Ich spürte in sie hinein und nahm als größte Blockade einen Klotz im Hals in der Nähe des Brustbeins wahr. Dort sitzen oft schwere Emotionen.

Ich berührte den Klotz und führte sie in diese Meditation:
"Sei wieder Kind. Du bist jetzt fünf Jahre alt."
Die Klientin ging in diesen Zustand und nickte.
"Schau, da war erst letzte Woche dein Sturz mit dem Roller. Jetzt ist dein Bruder im Krankenhaus. Du glaubst du bist schuld, nicht wahr?"
Sie nickte heftig.
"Sieh, das ist ein Irrtum. Du bist nicht schuld. Selbst wenn dieser Sturz den Krebs verursacht hätte, wärst du nicht schuld. Aber der Krebs ist nicht da, weil ihr hingefallen seid. Nicht deswegen.

Der wäre auf jeden Fall gekommen. Mit Rollerfahren hat das nichts zu tun. Das ist nur Zufall, dass es auch beim Krebs um das Knie geht. Verstehst du das? Das hat nichts mit dem Hinfallen zu tun."

Ich wechselte die Betrachtungsebene und fragte: "Du bist ganz schön verantwortungsbewusst, stimmt's?"
Sie nickte.
"Jetzt, wo du Verantwortung für die Krankheit deines Bruders übernommen hast, bist du ja eigentlich kein Kind mehr, oder?"
Sie nickte mit Nachdruck.
"Was machst du denn so als Erwachsene in diesem kleinen Körper?"
"Ich helfe. Ich arbeite."
"Wo arbeitest du?"
"Ich helfe meinem Vater."
"Schau mal deinem Vater in die Augen."
"Er ist stolz auf mich."
"Und ist er vielleicht auch ein wenig traurig?"
"Ja."
"Schau, wie er dich liebt. Er ist traurig, weil du jetzt schon eine Erwachsene bist. Stimmt das?"
Sie nickt.

Wenn bei diesen suggestiven Fragen der Hauch einer Verweigerung kommt, dann ist das zu respektieren. Da wirkt zum großen Teil deine Intuition, aber die innere Wirklichkeit des Klienten hat natürlich Vorrang. Man darf sie nicht überfahren. Doch solange der Klient nickt, und dieses Nicken wahr zu sein scheint, bist du sicher auf dem richtigen Weg.

Ich hatte sie vorher gefragt, was sie denn schon alles unternommen habe, um ihre Heilungskräfte auszubilden, und sie hatte aufgezählt: "Ich war bei einer Frau, die mit Engeln, und einer, die mit Naturgeistern arbeitet, und diese ganzen Hilfsmittel finde ich ganz gut, aber sie funktionieren nicht so richtig für mich." Einen Engel als Hilfsmittel zu bezeichnen, das ging mir natürlich gegen den Strich, und ich hatte gefragt: "Du weißt schon, dass Engel wirkliche Wesen sind?" - "Ja, schon, aber ich kann sie irgendwie nicht richtig benutzen."

Da sie durch das Wort *benutzen* angezeigt hatte, dass sie sie noch immer als Hilfsmittel ansah, hatte ich mir eine gedankliche Notiz gemacht und das Thema zur Seite gelegt. Denn was hartnäckig wirkt, hat eine tiefere Wurzel, die erst entdeckt und freigelegt werden muss. Man darf sich hier nicht in Diskussionen über Begriffe verstricken; vielmehr ist es ein wertvolles Indiz.

Nun war der richtige Moment, es wieder aufzugreifen:

“Sag mal, da du jetzt groß bist, da glaubst du bestimmt auch nicht mehr an den ganzen Kinderkram?”
Sie schüttelt den Kopf, nein.
“Sehnst du dich manchmal danach, noch mal klein zu sein?”
“Ja, aber das geht ja nicht.”
“Schau mal, wir drehen das jetzt zurück. Ich nehme dir jetzt deine Verantwortung weg, darf ich das?”
“Ja.”
“Schau, deine Eltern tragen jetzt die Verantwortung für deinen Bruder. Die sind groß, die können das. Du bist nicht schuld, mal runterfallen ist normal, die Krankheit hat nichts damit zu tun, darum musst du auch nicht verantwortlich sein, und jetzt bist du wieder ein Kind. Machst du das mit?”
“Ja.”
“Schau mal, hast du jetzt Lust auf Kinderkram?”
“Ja.”
“Siehst du deinen Engel?”
“Weiß nicht.”
“Hier steht er.” (Ich berührte sie an der rechten Schulter, von hinten.) “Spürst du ihn?”
“Ja.”

"Siehst du ihn?"
"Ja."
"Frag ihn mal was. Und, antwortet er dir?"
"Ja, ich soll mir keine Sorgen machen."
"Siehst du auch Zwerge und Elfen?"
"Ja."
"Wie sie so rumtanzen?"
"Ja."

Ihre Stimme zeigte, dass sie jetzt ganz in sich versunken war, und schließlich hatte sie ja mit ihrem Engel auch viel nachzuholen und zu besprechen. Darum beendete ich die Sitzung, indem ich sagte: "Nimm deinen Engel mit, und nimm deine frühe Kindheit mit. Und werde jetzt langsam wieder die große Anna. Lass uns hier für heute Schluss machen, und üb das mal, mit deinem Engel zu sprechen."

Eine Woche später berichtete sie mir, ihre Wohnung sei zu einem akzeptablen Preis verkauft worden. Sie hatte ihrem Ex-Mann, mit dem die Wohnung ja verknüpft war, innerlich Liebe und Achtung gezollt, und das hat womöglich den Weg für einen Verkauf frei gemacht. Solange wir auf die wichtigen Menschen in unserem Leben nicht mit Achtung und Liebe blicken, rebelliert die Seele und stellt sich quer.

Das Wirken der spirituellen Kräfte ist subtil, und ein Erfolg ist nicht so leicht zu definieren, aber wenn du helfen möchtest, dass dein Klient heil wird, dann führe ihn zurück zu einem großen Irrtum in seiner Kindheit und löse diesen Irrtum sanft und in Kindersprache auf.

Der Irrtum war hier die unselige Verquickung des Sturzes vom Roller und des kurz darauf diagnostizierten Krebses im Knie. Ein Kind lebt in der magischen Welt, in der es alle Geschehnisse auf sich selbst bezieht. Das wirkt lange fort, weit über das Erwachsenwerden hinaus, weil es in die Gefühle eingeprägt worden ist und nicht in den Verstand. Streiche das sanft und in kindgerechter Sprache wieder glatt, und mach ganz nachdrücklich klar, dass hier ein Irrtum vorliegt. Hier einige der häufigsten Missverständnisse, die in früher Kindheit geschehen:

Der Vater trennt sich von der Familie und zieht aus: Das Kind glaubt, es sei schuld. Der heilende Satz sagt ungefähr: Das hat nur etwas mit Mama und mir zu tun. Dich liebe ich, genauso wie ich dich immer geliebt habe.

Das Kind wird vom Vater sexuell misshandelt: Das Kind glaubt: "Ich bin schuld. Ich habe ihn verführt." Ein heilender Satz: "Du bist nicht schuld, ein kleines Kind hat keine Verantwortung. Selbst wenn du ihn verführt hättest, der Erwachsene hat die Verantwortung. Du bist rein. Du bist ganz und gar unschuldig."

Jemand aus der Familie wird schwer krank, oder ein Geschwisterkind wird behindert geboren: Das Kind könnte glauben: "Du bist krank, damit ich gesund sein kann." Heilender Satz: "Diese Dinge liegen nur in Gottes Hand. Diese Krankheit hat nichts mit dir zu tun."

Ein Elternteil stirbt sehr früh. Es entsteht vielleicht das Gefühl: "Mama liebt mich nicht und hat mich deswegen verlassen." Lösung: Lass die Mama zum Kind sprechen in der Art: "Mein liebes Kind, ich bin so traurig, dass ich so früh gehen musste, im Herzen bin ich immer bei dir und ich beobachte dein Leben. Ich freue mich so, wenn du glücklich bist. Bitte sei glücklich und wisse, ich liebe dich."

Überhaupt arbeiten wir hier viel mit direkter Rede. Verbinde dich mit den guten Wesen, die hier beteiligt sind, und gib ihnen eine Stimme. Tu dies nicht mit den Unheil bringenden Beteiligten, wie zum Beispiel dem Vergewaltiger. Diesen gebe weder eine Stimme noch gehe näher auf ihre Motivation ein. Verurteile sie nicht, sonder bleibe ganz beim Kind und sage ihm, dass es frei ist von Schuld.

Reise durch den Körper

Die Schamanen betreten den Körper eines Klienten (natürlich mit dessen Einwilligung) und reisen zusammen mit ihrem Krafttier, das wie der Engel ist, von der Stirn bis zu den Füßen durch ihn hindurch. So eine ähnliche Praxis möchte ich hier vorstellen. (Die ursprüngliche schamanische Praxis der Reise zur Heilung kannst du bei der Foundation for Shamanic Studies, FFSS, Wien, erlernen.)

Der Klient sitzt auf einem Stuhl oder liegt auf einer Matratze, und du sitzt hinter ihm und legst deine Zeige- und Mittelfinger an die Stirn oder Schläfe. Vergiss das Ausleiten nicht, es muss immer gleichzeitig geschehen. Gehe nun zusammen mit deinem Engel als Lichtwesen in diesen Körper hinein. Bewege dich anmutig und sanft. Und schau dich um. Gehe den Körper vom Kopf bis zu den Füßen ab, und du wirst möglicherweise auf eine Blockade stoßen. Diese Blockade berührst du von außen mit der Hand und spürst in sie hinein.

“Was denkst du, was fühlst du gerade?”, kannst du deinen Klienten fragen. Und seine Bilder und Gefühle führen ihn zu dem Zeitpunkt zurück, an dem diese Blockade entstanden ist. Meist liegt sie in der Kindheit, denn die Kindheit war noch voller Wunder und hat sich uns am stärksten aufgeprägt. Oder aber es ist eine aktuelle Blockade, das sind die leichten, die oft schon durch ein Darüber-Sprechen aufgelöst werden können.

Horche und fühle auch, was dein Engel dazu sagt, und sprich es aus. Benutze eine sanfte Sprache, klar und gradlinig, und sage zum Beispiel: “Hier am Herzen ist es eng... als wären hier die Lichter aus. Was war da?” Suche das passende Bild, und sprich es aus. “Wann hast du dich so dunkel gefühlt? Wann ging bei dir hier das Licht aus?” Der Klient mag es wissen oder nicht. Und du fragst: “Dürfen wir es wieder anschalten?” (Oder ist noch nicht die Zeit dafür?) Der Klient weiß die Antwort auf diese Frage oft sehr genau.

Ein zu frühes Öffnen, Wiederherstellen, Anschalten ist wirklich gefährlich, denn diese Mechanismen sind da nicht ohne Grund. Darum sei ganz sanft und sorgfältig und fließe mit dem Fluss. Wenn dein Engel dir deine Worte gibt, und kein Widerstand vom Klienten ausgeht, ist das ein gutes Zeichen. Heilen soll sein, als würdest du durch Butter schneiden. Wenn du nicht mehr weiter weißt, sag zum Engel: "Bitte wirk durch mich", und es mag sein, dass er deine Hand nimmt, durch sie die berührten Stellen sanft mit Licht verschließt, den Klienten an der Stirn berührt und sagt: "Für heute ist es gut. Den Rest überlasse ich deinem Herzen."

Auf so etwas könntest du bei einer Reise durch den Körper stoßen:

Blockade auf der Stirn: Der Klient sieht seine innere oder seine äußere Welt nicht. Kann geheilt werden durch Licht; das Licht ist warm und pastellfarben, es ist von der Art, die sanft einwirkt wie eine Salbe.

Blockade im Hals oben: "Dir fehlen die Worte? Du möchtest etwas sagen, kriegst es aber nicht heraus?" Oft wurde dem Klienten das Wort verboten, zum Beispiel hat der Partner ihn verlassen, als er etwas gesagt hat. Der Grund des Verlassens liegt dann aber in der Sache selbst, nicht im Aussprechen. Suche nach dem Satz, der Harmonie bringt: "Wirklichkeit tut manchmal weh. Vertrau dich ihr trotzdem an. Sprich aus, was du wahrnimmst. Du darfst es."

Blockade im Hals unten: Das Gleiche, nur bezieht es sich nicht auf Gedanken, die nicht gesagt wurden, sondern auf Gefühle.

Blockade am Halsansatz in Verbindung mit einer Blockade zwischen Bauch und Herz: Ich nenne dies den Bunker. Betrachte das Herz als den König, den Kopf als seinen Kanzler und den Bauch als Volkes Stimme. Der König entscheidet, der Kopf berät und führt aus, der Bauch darf sich vieles wünschen und wird auch wie ein Berater gehört.

Ein plötzliches schwerwiegendes Ereignis, ein Trauma, tritt ein. Es schlägt auf den zwei Rezeptoren des Menschen, an Kopf und Bauch, auf. Damit diese schwere Erschütterung nicht das Herz erschüttert, tritt sofort ein Sicherungsmechanismus in Kraft: zwei schwere Stahlplatten schieben sich zwischen Bauch und Herz und zwischen Kopf und Herz und riegeln den König ab. Da ist der König geschützt in seinem Bunker.

Deshalb wirkt ein schwerer Schicksalsschlag manchmal so unwirklich, du selbst fühlst dich wie unbeteiligt. Bist du ein herzloses Ding geworden? Nun ja, in gewisser Weise: Das Herz wurde erst einmal in den Bunker gebracht.

Wenn die Erschütterungen vorbei sind, nach Minuten, Stunden oder ein paar Wochen, fahren die Stahlplatten wieder zurück. Du bist wieder fähig zu empfinden. Erst jetzt "wird dir alles klar". Dann gibt es noch das zweite Donnerwetter, wenn du "erst verstehst, was er damit eigentlich gesagt hat", aber der Zweck - der Schutz des Herzens vor zu großer Erschütterung - wurde erreicht.

Ein Problem gibt es, wenn die Stahlwände auch nach einigen Wochen nicht mehr zurückfahren - und das ist gar nicht selten der Fall. Die Symptomatik ist dann leicht zu erkennen: Erschöpfung, chronisch; Unbeständigkeit; Frustration. Dies kann über Jahre und Jahrzehnte gehen, der Mensch wird zu einem Schatten seiner früheren Lebendigkeit.

Wie kommt es dazu?

Wenn der König abgeschottet ist, übernimmt der Kanzler kommissarisch seine Geschäfte. Das tut er aus der Pflicht heraus, und er gibt sein Bestes. Die Aufgabe des Königs ist das Entscheiden. Wenn nun der Verstand die Aufgabe des Herzens übernimmt und er bis auf weiteres die Entscheidungen fällt, dann geht das nicht lange gut. Der Verstand ist zum Entscheiden nicht ausgestattet. Ihm fehlt die Leichtigkeit, die Intuition, eben "das Herz". Er versucht es auf seine Weise: durch Abwägen, durch Vermeiden von Schwierigkeiten, durch abrupte Entschlüsse - aber es ist eine kantige, disharmonische Fahrt durchs Leben.

Der Bauch, Volkes Stimme, das innere Kind, hat dabei gar nichts mitzureden: Schließlich sind sie durch zwei Stahltüren voneinander getrennt, außerdem sind sie natürliche Gegner, die nur durch die Vermittlung des Königs zu harmonischen Gefährten werden.
So übernimmt meist der Kopf die Herrschaft und verausgabt sich dabei. Ab und zu reißt der Bauch sie an sich und trifft unvernünftige, emotionsgeladene Entscheidungen, und im steten Widerstreit der zwei um die Macht, die auszuüben keiner von beiden imstande ist, erschöpfen sie sich - und damit den Menschen als Ganzes.
Deine Aufgabe als Heiler ist es nun, dass du die zwei Stahlwände zurückfährst und den König wieder in sein Amt setzt. Verstand und Bauch werden überglücklich sein, wenn sie sehen, dass das funktioniert. Aber die Wände sind ein seelischer Schutz. Darum überzeugst du die Seele zuerst davon, dass die ursprüngliche Bedrohung nicht mehr existiert.

Das Fremdgehen des ersten Freundes ist lange vorbei, eigentlich sind die Wunden verheilt, auch hat er es nicht böse gemeint.

Der Tod deiner Mama ist geschehen, aber schau, sie lächelt dich an, du bist trotzdem geborgen; die seelische Misshandlung, die du erleben musstest, liegt lange zurück. Schau, du bist jetzt sicher. Du bist in deiner eigenen Wohnung, nur du kannst hier rein. Deine eigenen Freunde sind in deinem Leben, und zudem bist du stark: Du kannst wegschicken, wer dir nicht gut tut. Öffne dich jetzt wieder dem Leben, probier es einmal.

Wenn die Energien zwischen den dreien - Kopf, Bauch und Herz - wieder ausgetauscht werden, ist es, als füllten sich die Adern neu mit Blut, und was grau war, wird ganz schnell lebendig. Begleite diesen Prozess wachsam, mit Anmut und mit Anteilnahme. Bewege dich sanft im psychischen Bereich deines Gegenübers. Das, was geschehen war, war schlimm, auch wenn es für dich nicht so aussieht. Ist die Seele nicht bereit, die Stahltüren wegzufahren, dann hat sie dafür ihre Gründe. Respektiere sie. Dein Engel mag dir noch ein Wort zum Überzeugen einflüstern, oder er lässt es bleiben - Demut ist die erste Pflicht des Heilers.

Versiegle später alles sanft mit Licht, das von deinem Engel kommt und durch deine Hände fließt, und führe den Klienten ins Außen zurück.

Empathie

In der Familienaufstellung gibt es das Phänomen, dass einer nur den Platz eines anderen einnehmen muss und dann bereits fühlt, was dieser fühlt. Der Empath muss den, der gemeint ist, gar nicht kennen, noch etwas über ihn wissen. Und: Es kann jeder dieser Empath sein, es funktioniert bei jedem gleich gut.

Du kannst dich in einem Heilungsgespräch darum ohne weiteres in deinen Klienten hineinversetzen, mittels Empathie. In einem Buch über Familienaufstellungen angewandt auf Kinderpsychologie sprachen sie von der magischen Fliese: Wenn sich ein Betreuer auf sein Stück Fliese stellte, dann war er in der Gefühlswelt des entsprechenden Kindes. Das brachte ganz erstaunliche Ergebnisse zu Tage, und den Kindern gefiel es sehr, wenn der Erwachsene aussprach, wie sie sich in Wahrheit fühlten.

So gehst du wie immer mit Liebe, Anmut und Respekt auf den Gefühlszustand deines Gegenübers ein (Ausleiten nicht vergessen) und betrachtest seine Worte gleichsam von innen heraus, was einen enormen Qualitätsgewinn für das Gespräch bedeutet. Der Klient soll nun von sich berichten, angefangen bei seinem Problem, dann einen großen Sprung machen in seine Kindheit und von dort das Wesentliche berichten, das ihm so einfällt. Wesentlich bedeutet hier nicht wie im herkömmlichen Sinne die Eckdaten, sondern natürlich das, was dem Herzen bedeutsam scheint. Du horchst dabei auf quer liegende Formulierungen (wie oben, als der Engel als Hilfsmittel bezeichnet wurde) und kommst so dem Knackpunkt leicht auf die Spur. Wenn der Klient von seiner Kindheit erzählt, hast du das Schema des Normalen vor Augen.

Das Normale ist: Das Kind wächst bei beiden Elternteilen auf, sie haben ein ausreichendes Einkommen, es wird geliebt, alle sind gesund, keiner bringt sich um. Was vom Normalen abweicht, kannst nur du als Außenstehender erkennen, weil der Klient sich ja daran gewöhnt hat und schmerzhafte Abweichungen zum Teil beschönigt beziehungsweise relativiert. So wird zum Beispiel gesagt: “Mein Vater ist vor meiner Geburt gestorben, aber ich hatte ja einen Stiefvater, der noch viel besser war.” Nichts davon ist wirksam! Der Schmerz muss zuerst angeschaut, dann gefühlt, dann beweint und dann angenommen werden, bevor das Ersatzgeschenk wirklich geschätzt werden kann.

Ein Ding muss den Namen bekommen, den es verdient. Einen schweren Schicksalsschlag, wie dass der Vater früh verstorben ist, einfach unter den Teppich zu kehren, indem man es anders benennt, wirkt im Unbewussten als merkwürdige Schwere weiter. Es muss zuerst benannt und beweint werden, bevor wir es überwinden, sonst nehmen wir die Abzweigung in eine Traumwelt.

Die erscheint zwar erst einmal reizvoll, weil sie den Schmerz vermeidet, aber sie ist es nicht wirklich: Aus ihr heraus können wir nämlich nicht wirken. Der Mensch selbst wird unwirklich und machtlos. Nach und nach wird die Schmerzvermeidung selbst dort in der Traumwelt zum Mittelpunkt seines Lebens. Das ist eine traurige Vergeudung von Kreativität und Glück.

Ein kleiner Sinnspruch beschreibt, wie sich die Flucht in die Traumwelt für manchen auswirkt:

Der Schmerz ist der König deiner Welt,
du tust alles, damit er schweigt:
Du opferst sogar Menschen.

Die geopferten Menschen sind Freunde, die er vergrault, weil er gegenüber offenen Worten immer verschlossener wird. Jeden, der den Schmerz berührt, blafft er an; und er wird ein schwieriges Wesen. Die Flucht in die Oberflächlichkeit oder in Drogen sind weitere Ausweichmöglichkeiten; geopfert wird immer die Wirklichkeit - und mit ihr das Leben.

Im Menschen fließt ein unaufhörlicher Heilungsstrom, ein breiter Fluss, der das ganze Wesen am Leben und in voller Lebendigkeit hält. Suchst du den Grund für ein Problem oder eine Krankheit, suche nach der Stelle im Fluss, wo diese Fülle blockiert, gestaut oder verweigert wird. Nur diese eine schadhafte Stelle musst du als Therapeut finden und beheben. Das ist genug.

Lieblingsgeschichte

Eine schöne Übung, wenn du während der Erzählung des Klienten nicht die Abweichung von der Normalität finden und richtig stellen kannst, ist folgende: Du lässt deinen Klienten seine Lieblingsgeschichte, sein Lieblingsbuch oder seinen Lieblingsfilm beschreiben. Auch wenn die Handlung jeder kennt, soll er sie aus seiner Sicht in allen wichtigen Details beschreiben. Er soll die Handlung erzählen, und du hörst ihm zu, als beschriebe er die Landschaft seiner Seele.

Eine Freundin nannte in diesem Zusammenhang "Dornenvögel" als ihren Lieblingsfilm. Sie beschrieb die Handlung und sagte: "...und sie holte sich vom Pfarrer ein Kind..."

"Hast du dir das Kind von deinem ersten Mann auch *geholt*? "Oh...jetzt wo du es sagst - schon."

Da wo ein Satz merkwürdig formuliert ist, zeigt sich auch die Seele und ruft, entdecke mich! Hier ging es darum, dass ans Tageslicht kommt: Ihre Schwangerschaft, die mit so weitreichenden persönlichen Konsequenzen, inklusive der Trennung vom Vater des Kindes, verbunden war, war tief unbewusst gewollt. Sie hat sich das Kind *geholt*, um ihren Geliebten an sich zu binden, ebenso wie die Geliebte des Pfarrers es im Film versucht hat.

Die Wahrheit zu benennen ist der erste Schritt, um heil zu werden. In diesem Fall ging es um die Aussöhnung mit dem Vater des Kindes, der sie verlassen hatte. Aussöhnung, und geschieht sie auch nur einseitig und im Innern, aber vollständig und aus ehrlichem Herzen, bringt Frieden und segnet das weitere Leben. So werden alle nachfolgenden Liebesbeziehungen gesegnet, wenn die alte Beziehung nunmehr ohne Groll und Vorwurf ist.

So ist also ein Gespräch mit diesen drei Hilfsmitteln - Empathie, Vergleich mit dem Normalzustand und die Lieblingsgeschichte - eine ganz einfache Möglichkeit, den Knackpunkt aufzuspüren. Wie wird er nun geheilt? Dazu zuerst eine philosophische Betrachtungsweise:

Der Knackpunkt ist ein Ort großer Kraft in der Seele des Menschen. Dieser Punkt ist wie ein Staudamm der

Sammelpunkt seelischer Macht. Hier wurde viel hineingesteckt, ohne jemals Kraft zu entnehmen. Wird diese Stauung aufgelöst, erfährt die Seele plötzlich einen großen Vorwärtsschub, nicht selten geht damit ein kreativer Wandel im Leben einher. Der Mensch hat plötzlich die Kraft, mit dem Rauchen aufzuhören oder seine lang ersehnte Künstlerkarriere zu beginnen, er kann sich aus einer schlechten Beziehung lösen oder ist endlich fähig, auf andere Weise über seinen Schatten zu springen.

Der Knackpunkt ist wie eine verschlossene Tür. Nichts kann sie öffnen, allein der richtige Schlüssel. Der richtige Schlüssel ist ein Gedanke, formuliert in einem Bild oder in einem Satz. Er ist von einer verblüffenden Wahrheit und Einfachheit, so dass über ihn nicht diskutiert werden kann, ein Gedanke, der nicht abgewiesen und verleugnet werden kann, sobald er einmal in die Welt gesetzt wurde, weil er in der Seele wirkt.

(Ein spannender Roman über den einen Gedanken ist "Das Buch, in dem die Welt verschwand" von Wolfram Fleischhauer.) Du suchst also zuerst die Tür und dann den Schlüssel. Oft werden hier beide gemeinsam geliefert, du musst nur mit den Worten spielen. Dazu kann in einem Buch nicht angeleitet werden, doch leitet dich dabei dein Engel.

Hier einige Beispiele:

“Ich möchte meine Spiritualität entfalten, aber Hilfsmittel wie Engel oder Zwerge funktionieren bei mir nicht”.

“Engel sind Hilfsmittel?”

“Nein, aber (...); solche Werkzeuge wie Engel greifen bei mir nicht.”

“Findest du, Engel und Zwerge seien Kinderkram?”

“Ja, schon.”

“Warst du nie richtig Kind?”

“Ja.”

“Komm, sei mal Kind, schau’s dir an. Siehst du deinen Engel?”

“Ja.”

“Nimm ihn mit.”

* * *

“Ich bin enttäuscht, weil mein erster Mann mich allein gelassen hat.”

“Was ist deine Lieblingsgeschichte?”

“Dornenvögel... und sie hat sich ein Kind geholt.”

“Hast du dir auch ein Kind geholt?”

“Ja.”

“Deshalb musste er gehen.”

* * *

"Ich fühle mich einsam. Aber ich kann mich nicht auch noch um einen Mann kümmern."

"Ein Mann ist etwas, um das du dich kümmern musst?"

"Ja."

"Wie eine Mutter um ein kleines Kind?"

"Ja, schon."

Sie erschrak über sich selbst, als sie laut aussprach, was sie unbewusst fühlte. Jetzt war es am Licht, und sie konnte ihr Männerbild überdenken.

* * *

"Mein Lieblingsbild hängt in London. Das, auf dem die schöne Frau tot im Rosenteich treibt."

"Dein romantisches Denken macht dich schön, zart und tot?"

"Ja, es ist wohl eine Weltflucht. Zwar hielt ich es immer für erstrebenswert und gut, aber irgendwie tat es mir auch weh."

Übertriebene Romantik ist eine Form, sich dem Leben zu verweigern. Man erwartet zu viel, und die Wirklichkeit schmeckt fahl. Das Tückische ist, dass es scheinbar etwas Kreatives ist, in Wahrheit ist es jedoch eine Krankheit. Darum war die schöne Frau auch tot.

* * *

Wenn du unbewusste Gedanken bewusst machen kannst, hast du schon viel erreicht. Denn Irrtümer leben im Schatten, und Wirklichkeit wächst am Licht.

Wozu leide ich an X?

Hast du dir deine Frage zu Beginn des Buches notiert? Dann hole sie jetzt hervor.

Schließe die Augen, und stell dir vor, du bist im Paradies. Das Paradies ist der Ort, wo du von Liebe umhüllt in Erhabenheit lebst. Du bist glücklich, kreativ schöpferisch und in Gesellschaft der Menschen, die dich lieben. Du bist gesund, rein und frei von Schuld.
Hier ist dein wahres Zuhause. Du denkst zurück an die Erde, auf der du dein letztes großes Abenteuer verbracht hast. Von hier aus sieht es aus, als hätte es nur einen Lidschlag lang gedauert. Aber es hat dich angefüllt mit Eindrücken und Weisheit.

Endlich sitzt du auch wieder deinem Engel persönlich gegenüber. All die Zeit in der Welt der Menschen hattest du schon fast nicht mehr geglaubt, dass es ihn gibt. Nun ist das natürlich keine Frage mehr.

Ihr könnt nun besprechen, was du erlebt hast, und dein Engel stellt dir Fragen. Beantworte sie ausführlich. Entweder, indem du in deiner Meditation genau darüber erzählst, oder schreib es dir auf.

Dein Engel fragt dich zuerst, wie deine Reise war. Wie war das, mal wieder ein Mensch gewesen zu sein? Er zwinkert dir zu: "Alles halb so schlimm, oder?"

Erzähl, wie es war, bevor du in dieses Leben gegangen bist. Welche Gedanken und Befürchtungen hattest du? Hattest du dir über etwas vielleicht Sorgen gemacht? Und dein Engel fragt auch: "Weißt du noch, was du hattest lernen wollen?"
Fabuliere: Wie warst du als Seele vor diesem Erlebnis? Was hast du neu hinzugewonnen? Beeinflusst es deine Kunst, dein Wissen, deine Art zu lieben? Bist du anders geworden, bedachtsamer vielleicht? Gibt es einen Schmerz, den du auf der Menschenwelt erfahren hast, der dir immer noch zu schaffen macht? Erzähl deinem Engel davon, und hör, was er dazu sagt.

Sieh zu, was er damit tut.

Dein Engel fragt dich: "Hast du erreicht, wofür du auf die Erde gegangen bist? Hat es sich für dich gelohnt?"

Und seine Augen blitzen; er grinst. “Natürlich”, steht in seinem Blick, aber du sollst es ihm erzählen: Was genau war besonders an diesem Leben?

Deine Freunde finden sich ein. Sie sind dir so nah am Herzen, immer schon gewesen. Viele von ihnen waren zu gleicher Zeit auf der Erde inkarniert, manche waren auf anderen Planeten und wiederum andere inkarnieren nie. Aber alle haben reges Interesse an deinen Erfahrungen. Indem du ihnen berichtest, wachsen sie mit dir. Erzähl ihnen von den Freuden und Genüssen, die du erlebt hast. Erzähl ihnen, was du an der Erde geliebt hast während deines Lebens dort. Und erzähl ihnen von der Liebe der Menschen, wie sie so anders ist als die Liebe unter den Seelen im guten Ort, und doch so gleich.

“Was ist Krankheit?”, fragt einer derer, die anders lernen als durch Inkarnation. Und du erklärst es ihm. Benutze als Beispiel die Krankheit oder Hemmung, die auf deinem Zettel steht. Erzähle, wozu du gerade sie gewählt hast, und was sie dir beigebracht hat.

Schau schließlich in die Runde deiner geliebten Freunde und in die Augen deines Engels. Ihr wart immer schon zusammen. Selbst als du auf der Erde inkarniert warst, war ein Teil von dir hier. Dieser Ort – rieche seine Luft

- ist dein wirkliches Zuhause, das Zuhause der Seele - dein Besuch hier ein kurzer Vorgriff.

Nachdem du alles gespürt hast, komme zurück in dieses Leben, und notiere dir ein paar Zeilen über den Sinn und Zweck deiner Krankheit.

* * *

Einem war das Herz so schwer, als er gestand:
Ich wollte den Sinn des Lebens zu den Menschen bringen. Dazu nahm ich ihn in beide Hände. Doch dort verdorrte er sofort. Jetzt bin ich selber ohne Sinn. Zu nichts nütze, sozusagen.
Da antwortete sein Lehrer: "Gut. Jetzt bist du selbst ein Meister."

Heilung geschieht durch Liebe und stets anders als geplant. Glück entsteht nicht durch das, was wir erreichen, sondern in den Momenten, in denen wir den Himmel berühren. Der Dalai Lama empfahl schwer kranken Menschen einmal, nicht darüber nachzudenken, was sie krank gemacht habe, sondern sich zu fragen: "Jetzt, da ich krank bin, was kann ich anderen Menschen geben?"

Du kannst Frieden finden. Und du kannst das, was du selbst am schmerzlichsten vermisst, anderen geben:

Liebe, Geborgenheit, Halt - denn du weißt, worauf es hierbei ankommt. Schau nicht auf die Probleme, sondern auf den Frieden, der gleich daneben fließt. Wenn das Problem sich nicht verrücken lässt, verrücke dich selbst, dort hinein. Trotz aller Ungereimtheiten können wir glücklich sein - eigentlich gibt es Glück doch nur in ihrer Gesellschaft.

Ich wünsche dir, dass die Segnungen des Himmels nicht aufhören, in dich hineinzuströmen, was korrekterweise heißt: dass du nie vergisst, sie wahrzunehmen.

Nachklang

Ein Glockenfisch, anmutig, schön,
muss kaum atmen,
lebt von Licht und leuchtet aus dem Herzen.
Ist Farbe uns und Klang.
Ein seltner Fisch - als wär er nicht
aus Stoff, wie wir ihn kennen,
und berührt so das Herz - wie würdest du das nennen?

An Land nennt man es:
nicht normal,
und bringt, wo sich's ergibt,
den Fisch mal auf den Tisch,
geangelt aus dem Meer
betrachtet man ihn näher.

Da liegt der Fisch und japst nach Luft,
er soll sich nicht so haben.
Vom Käfer, Vogel bis zum Luchs
könn alle hier gut atmen.

Er schaut erbärmlich drein.
Nun reiß dich mal zusammen.
Der Bär, der Fuchs, die Nachtigall
könn hier doch auch auskommen.

Er zappelt wie in Todesqual.
Das nennt man: Simulant.
Denn trocken ist doch ganz normal,
schließlich sind wir an Land.

Dann liegt er komatös und still,
wir sehen: depressiv.
Zudem auch etwas soziophob,
doch gehen wir nicht zu tief.

Der Glockenfisch ist nichtsnutzig,
will sich ja gar nicht bessern.
Untherapierbar, fixiert, besessen
von seinem Wahn: Gewässer.

Ham uns so sehr bemüht, aus ihm
was Brauchbares zu machen,
doch wer nicht will, dem kann man nicht
- wird ungeheilt entlassen.

Der Glockenfisch, zurück im Meer,
ist erstmal noch was dröge,

eine Kieme tut's nicht mehr,
doch strahlt sonst wieder schöne.

Er hat gesehn, wie's ist an Land
und dass dort alle Tiere
sich wohl und munter fühlen könn,
doch sein Zuhaus ist hiere.

Am nächsten Tag ist wieder klar
sein Kopf, sein Herz und Wesen
bringen uns, wie es schon immer war,
Glück - als wär nie was gewesen.

Die Wissenschaft lernt bald daraus,
dass Anmut, En- und Glücksdorphin
grad in der Seele liegen, viel zu nah
für auferlegte Disziplin.

Wir brauchen Wasser nur zum Atmen,
Liebe nur zum Glücklichsein,
die Therapien sind nebensächlich,
kaum weiß er, wer er ist - ist er schon frei.

Der Fisch, belehrt durch seine schwere Reise,
sprach zu seinen Freunden weise:
Bist du in deinem Element,
löst sich alles, was sonst klemmt.

[1] Das Empfinden einer linearen Zeitspur, die Vergangenheit - Gegenwart - Zukunft trennt, ist für uns nötig, um auf dieser Welt konzentriert zu bleiben. Sobald es dir aber weh tut, erinnere dich daran, dass du, der Lichtfunke Gottes, über die Zeit erhaben bist. Alles ist gegenwärtig, und nur weil es auf der Zeitspur hinten zu liegen scheint, ist es in deinem Herzen nicht weniger präsent als dein gegenwärtiges Gefühl. Wahr ist wahr und bleibt wahr, und wahr ist all das, was dein Herz leicht und glücklich gemacht hat, egal wie es später "ausging".

136 Seiten, broschiert
€ [D] 6,95
ISBN 978-3-89845-175-8

Jörg A. Zimmermann

So treffen Sie Ihren Schutzengel

Begegnung mit dem inneren Lehrer

Dieses Buch zeigt Ihnen konkret drei Wege auf, auf denen Sie Ihren Schutzengel treffen können und erläutert in anschaulicher sowie humorvoller Schreibweise genau, wie diese Wege beschritten werden können. - Möge dieses Buch Sie näher zu Ihrem Schutzengel bringen, denn die Freundschaft mit ihm ist so kostbar wie das Leben selbst ...

128 Seiten, broschiert
€ [D] 6,95
ISBN 978-3-89845-049-2

Elizabeth Clare Prophet

Mit Engeln arbeiten

Dieses Buch bringt einem bei, wie man mit Engeln Freundschaft schließt, sodass diese bereit sind, ihre Hilfe uns zukommen zu lassen. Denn wir haben sie um ihre Hilfe zu bitten. Erst dann dürfen sie uns helfend zur Seite stehen. Hier werden die praktischen Schritte in einem Zehn-Punkte-Programm aufgezeigt, wie man sich mit ihnen in Verbindung setzt, sich weiterhin ihrer Hilfe vergewissert und in Zusammenarbeit mit ihnen viel Gutes für sich und andere bewirkt.

498 Seiten, broschiert
€ [D] 24,90
ISBN 978-3-89845-196-3

Claudia Rainville

Metamedizin

Jedes Symptom ist eine Botschaft

Warum bin ich krank? - Dieser Frage geht die Autorin in diesem umfangreich dokumentierten Buch nach und kommt zu dem einfachen, aber weit reichenden Schluss, dass die Symptome einer Krankheit als Botschaften des Körpers zu verstehen sind. Dank der vielen Fallbeispiele aus ihrer über zwanzigjährigen Forschungs- und Therapiearbeit liest sich dieses Buch wie eine spannende Dokumentation zum Thema Gesundheit.

144 Seiten, broschiert
€ [D] 10,90
ISBN 978-3-89845-238-0

Florence Scovel Shinn

Das Lebensspiel für Frauen

...und wie es zum Erfolg führt

Die neue Frauenbibel! Mit dem Nachfolger ihres Bestsellers “Das Lebensspiel und seine Regeln” gibt Scovel Shinn in diesem Buch erhellende Antworten, wie Sie tatsächlich erfolgreicher, selbstbewusster oder gelassener werden können, um so eine tief greifende Veränderung in Ihrem Leben einleiten zu können... Spielen Sie das Spiel des Lebens ab sofort nach Ihren eigenen Regeln!

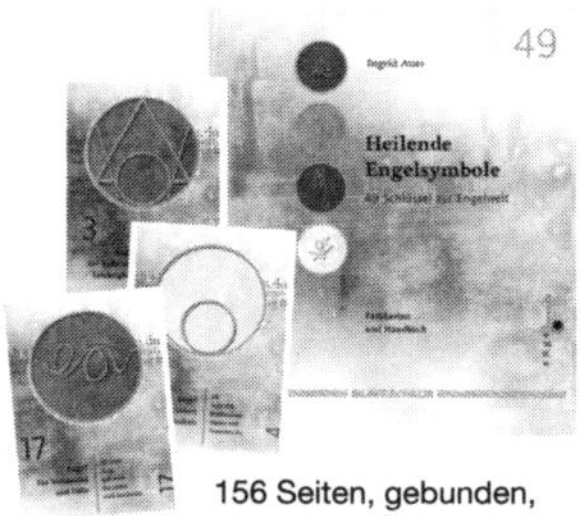

156 Seiten, gebunden,
plus 49 vierfarbige Symbolkarten in Box
€ [D] 29,00
ISBN 978-3-89845-007-2

Ingrid Auer

Heilende Engelsymbole

49 Schlüssel zur Engelwelt

Einfühlsam und leicht verständlich ermöglichen die Engelkarten und das sehr ansprechend gestaltete Begleitbuch einen natürlichen, unbefangenen Zugang zur Engelwelt.
Alle, die Rat und Trost brauchen oder körperliche Beschwerden haben, können sich mit diesem Set die bezaubernde Engelwelt erschließen und deren Unterstützung nutzen. Die Engelsymbole verhelfen dazu, Blockaden im seelischen und körperlichen Bereich zu lösen und die Chakren sowie Wasser, Nahrungsmittel und vieles mehr zu energetisieren.

147 farbige Karten,
198 Seiten Handbuch,
gebunden
€ [D] 29,00
ISBN 978-3-89845-225-0

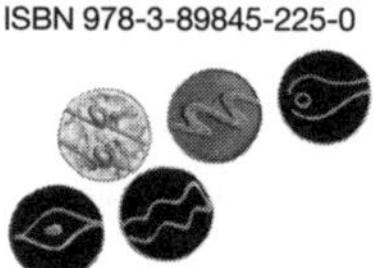

Ingrid Auer

Nutze die Kraft der Engel-Kombi-Symbole

Energetisierte Symbole aus der Engelwelt

Diese Engel-Kombi-Symbole wirken sehr stark in den Auraschichten und Chakren des menschlichen Körpers. Durch diese von der Engelwelt energetisierten Symbole können feinstoffliche Energieblockaden gelöst, Selbsterkenntnis gefördert und die persönliche, spirituelle Entwicklung unterstützt werden. Wie Engel-Kombi-Symbole sowohl auf der feinstofflichen als auch auf der seelisch-geistigen Ebene wirken können, wird in sehr anschaulicher und leicht nachvollziehbarer Weise erklärt.